# 日本のどこが好きですか

## なぜこの国は、2000年も続いているのか

竹田恒泰
Takeda Tsuneyasu
呉善花
Oh Sonfa



ビジネス社

# まえがき

米中の新冷戦、コロナ禍、ウクライナでの戦争などで、世界的な資源高と物価高、円の下落、日本の内需と輸出の停滞などを招き、日本経済は見通しが立たない状況にある。しかも、我が国を取り巻く安全保障環境は急速に悪化している。

近年の状況は、幕末維新と先の大戦に並ぶ「日本の危機」と表現してもよいであろう。だからこそ、今の私たちには、日本を知ることが肝要なのではないか。

近代日本が荒波を乗り越えてこられたのは、江戸後期に「国学」の発展があったことが大きかったと思う。だが、戦後、国学は衰退の一途をたどり、日本人が日本のことに興味を示さない時代が長く続いてきた。

ところが、近年、コロナ禍で日本人の国内志向が強まり、コロナ一過でインバウンドも回復しつつある。日本人の多くが日本のことに興味を持ち始めているのを肌で感じるようになった。

日本を知る手段は多岐にわたるが、一度日本から飛び出して、外から日本を眺めるのは効果的である。だが、海外生活を始めるのはそう簡単ではないだろうから、私は本書をお勧めする次第である。

苦しみもがきながら日本を理解しようとした異邦人から、日本語で日本のことを聞くことができるのが本書である。

韓国で生まれ育ち、日本文化の虜《とりこ》になって日本に帰化した呉善花《おそんふぁ》さんは、苦しみもがきながら日本を理解した一人である。私も以前から呉さんのご著書を拝読していたが、呉さんが日本を理解しようと苦労した軌跡は、日本人が日本を知るためにとても役に立つと私は思う。それどころか、呉さんはただの日本の理解者ではなく、日本研究の第一人者で、呉さんの日本研究の成果は多くの日本人にとって学ぶところが大きいと思う。

私自身も、呉さんとのこの対談で、韓国のことをより深く知ることができただけでなく、それ以上に日本のことを、これまで考えたこともなかった観点から、よく知ることができた。対談の二日間を通じて、尊い経験をさせていただいたと思う。

それにしても、呉さんは日本について、本当によく勉強をしていらっしゃる。私の知らないこともたくさんご存じだったし、平均的な日本人はもちろんのこと、日本の文化人でも、呉さんほど日本のことを知っている人は少ないのではないかとさえ思ってしまう。呉さんを見ていると、日本人はもっと日本のことを勉強しなくてはいけないと思った。そして、私ももっと日本のことを学ばなくてはいけないと、気持ちを新たにしたしだいである。

日本人が日本に興味をもちはじめたことを、一時のブームで終わらせるのではなく、しっかりと定着させていきたい。この本がその一助になれば幸いである。

令和五年五月十七日

竹田恒泰

日本のどこが好きですか　目次

## 第二章　日本人が発明した融合思想
### ——イデオロギー対立を超える未来性

## 第二章　海外からの視線、海外への視線
### ――学ぶべきもの、とんでもないもの

## 第四章 世界が注目する日本のカッコよさ
### ――クール・ジャパンの先にあるもの

本書は二〇一一年十一月に小社から刊行された『日本人て、なんですか?』を改訂した書籍です。

# 第一章

## 天皇の権威と皇室の「適応性」

――二千年の存続を可能にしたもの

## 日本の天皇、韓国の大統領

**呉**　韓国では王家の伝統が断たれていますから、私には王家とはこういうものだという実感がありません。それで、まだ日本の右も左もわからない頃は、天皇は日本の伝統的な国父として尊敬されているのだろうと単純に思っていました。韓国でいう強固な父権、その力を象徴的に体現する国家最高の父というイメージですね。

でもテレビでお姿を拝見しますと、当時の天皇、昭和天皇はとても柔らかなお人柄との印象が強く、そもそも見る者を威圧するような態度、姿勢がまったく見られません。失礼をかえりみず第一印象をいえば、とても弱々しく女性的に感じられたんです。こういっていいかどうかわかりませんが、母性的な優しさが感じられて仕方がありませんでした。それなのに圧倒的に国民から尊敬されていて、それがとても不思議に思えました。

そういう印象に加えて、天皇は政治的な権力者ではないということ、それでなぜこれだけ権威をもつことができるのか理解できませんでした。日本を知るための勉強をしていくうちにわかってきたことは、そもそも古代以来天皇が国家の政治的な実権を握っていたのはごくわずかな期間にすぎず、それにもかかわらず現在に至るまでの長い歴史のなかで、一貫して国家最高の権威者としてあり続けてきた、ということでした。そういう存在がありうるということをはじめて知りました。

それではその権威は何に基づいた権威なのかということになり、そこをなんとしても知りたいと思うようになっていったわけです。かつては現人神《あらひとがみ》といわれていましたから、それなら神様のような存在ということになりますが、人が神様だというのもよく理解できない。神様というよりは、神様をお祀りする国家最高の神主さんだという人もあります。

また日本神話では、天から地上に降臨した神様の子孫が歴代の天皇だとされています。さらには、日本の民族文化をひっくるめての文化的な象徴、そういう文化的な権威者が天皇なのだという人もいます。

いずれにしても、日本人の信仰や文化の根のところにかかわる存在としてあり続けて来たことは、たしかなことだと思うようになりました。

**竹田**　なるほど。天皇陛下にお会いになったことはありますか?

**呉**　いや、ありません。お正月の一般参賀の時に、ずっと遠くから望むという形でかすかにお姿を拝見したことはありますが。

**竹田**　そうですか。陛下の謁を賜り近くでお話しさせていただく機会は、なかなか得られるものではありませんが、お正月と天皇誕生日の年二回、誰でも皇居に入れるんですね。何万人という群衆が集まるなかで、天皇陛下、皇后陛下をはじめ皇族方がお出ましになって、天皇陛下はお言葉を賜います。外国の方もたくさん観光で来ていますね。ちょうどその時に日本に来ていたので、日本の天皇がどういうものなのか見てみたいと、一般参賀に行く外国人は少なくないようです。

僕は外国人が天皇を見てどういう反応を示すかにとても興味があって、一般参賀で外国人たちの様子を注意して見たことがあります。上野動物園のパンダを見に来るような感覚で見ているのか、喜んでいるのか、感動しているのか、どんな顔をして見ているのかと注目していますと、ちょっとびっくりしたんですが、多くが心から感動しているようなんですね。

逆に日本人が外国に行って、どこかの国王を遠巻きに見る機会があったとして、はたしてここまで感動するだろうかと思いました。それで僕は、天皇の歴史についての知識や、天皇とは日本人にとってどんな存在なのかという知識が全然ない人でも、陛下のお姿を拝した時には自然に感動するものがあるのではないかなと思ったんですね。

長野オリンピックの開会式の時にも同じことを感じました。超満員の何万人もの観客を前に天皇陛下（現上皇陛下）が開会宣言をなさいましたが、その直前に陛下が主賓席にお入りになった瞬間、明らかに会場の雰囲気が変わったんです。遠くから見ている人には小さくしか見えないわけですけれども。開会式にはかなりの数の外国人もいました。

そばに何人か西洋人の一団がいましたのでよく見ていましたら、彼らはその瞬間に空気が変わったことを感じ、あの方が日本の天皇なのかと察し、スッと静かになったんです。そこにも僕は特別なものを感じました。天皇陛下を前にした時は、誰もが理屈抜きで自然に感動するものなんだろうと思いました。

**呉**　被災地などに天皇陛下が来られた時には、みなさん生きがいを感じたとか、これからの希望をもったとか、ようやく前向きになれたとかいわれるんですね。私は遥か彼方から拝見したことしかありませんが、あのように間近で声をかけられると、しかも被災地で苦労をされているわけですから、思わず涙が出てくるんでしょうね。そういう気持ちは、意味は異なるかもしれませんが、私なりに少しはわかるところがあるんです。

戦後の韓国では、国家元首に国民の敬愛が向けられていたのは朴正熙《パクチョンヒ》大統領（在一九六三―七九）だけでした。私はちょうど朴政権の時代に育ちましたので、物心がついた頃には、大統領夫妻を国父・国母として特別に尊重することを自然に受け入れていました。ですから、そうした自分の体験からも、日本人が皇室に敬愛を寄せる気持ちはよくわかると思えました。

たとえば当時の韓国で映画館に行きますと、必ず映画がはじまる前に、大統領はいま何をなさっているかということをニュースのようにして流すんです。最初にご夫妻の姿が映し出されるんですが、それを見ただけでも涙が出てくるんです。なぜか胸が熱くなって涙が出てきてしまうんです。そういう体験がありますもので、天皇を前にしただけで感動したり、涙を流すという心情は、その限りでは私にはよくわかるんです。

それで朴大統領夫人はというと、内面の優しさと外面の美と品格を兼ね備えた理想的な女性像を示す方だと、国民の間ではとても評判が高かったんです。とくに女性たちの間では絶大な人気がありました。

とはいっても、あくまで主人公は朴大統領でした。国を率いる力強い父のイメージが圧倒的なものでした。絶大なる権力者であり、すべてを包み込んでくれる包容力豊かな、偉大なる維新の英雄としての厳父、それが朴大統領に多くの国民が感じていたイメージだったと思います。もちろん政権打倒を唱える勢力も少なくなかったんですが、私自身は朴大統領を優れた立派な国父であると、十八年の間一貫して敬愛していました。いわゆる愛国少女だったんですね。

ただ、いまから思うと、そこには多少ながらも、北朝鮮の人たちにとっての金日成への敬愛と同じ質があったように思います。違う部分もたくさんあるんですが、何よりも国家の危急を身を挺して救い、強い力を発揮して国家建設を成し遂げた、そういう絶大なる政治権力者だということでは同じだと思います。ですから朴大統領の権威は政治権力に基づく権威ですが、天皇が長い歴史のなかでもち続けてきた権威というのは、それとは根本的に異なるものなんですね。

## 天皇が直接政治を執った時代はわずかしかない

**竹田**　呉さんは政治権力と権威を分けてわかりやすくお話ししてくださいましたが、天皇はいまの憲法に記されているとおり、権力を行使して国政の中身を決める立場にはないわけです。天皇と政治との関係ではかなり勘違いされていて、戦前は自由に政治を動かしていたと思っている人も少なくないのですが、実際にはまったくそうではありませんでした。

法律は議会で作られていましたし、国家予算も議会で承認されていました。天皇が法律を作ったとか、国家予算を決めたとか、そういうことは戦前の歴史には一度もありませんでした。

天皇が唯一国策の決定に関与なさったのが、終戦の御聖断です。この時は政府と軍の統帥部が、意思決定できなくなり、御前会議で三対三に分かれてしまったんですね。ポツダム宣言を受諾して戦争を止めようというグループと、最後の最後まで戦おうというグループに分かれてしまった。

それで議長である鈴木貫太郎内閣総理大臣が、本来は自分の一票で決するべきだが、あまりにも重たい決定なので陛下に御聖断を仰ぎたいと申し上げたところ、昭和天皇がポツダム宣言を受諾すべき旨を仰せになりました。御前会議で天皇が御発言なされることじたいがきわめて異例のことでして、天皇が国策の中身を決定なさったのは、明治維新から終戦までの間に、これ一回きりしかありませんでした。

それでは明治維新より前の武家政権の時代はどうだったかといいますと、これは七百年も続きましたが、やはり天皇が政治の中身を決める時代ではありませんでした。では平安時代やそれ以前の王朝時代はどうだったかといいますと、たしかに朝廷が政治の実権を握っていましたが、実際にはほとんどが有力貴族が摂政《せっしょう》や関白として政治を担当する摂関政治が行われていました。後に上皇が政治を指図する院政が行われるようになり、摂関政治と院政政治が交互に行われ、天皇が直接政治的な決定をすることは、ほとんどありませんでした。

さらに遡って、古墳時代はどうだったかというと、先にも少しお話ししたように、天皇を中心として地方の豪族が束ねられる、ゆるい支配で発足した政権でした。そこでは、天皇が政治を動かすのではなく、合議制で政治が決められていったわけです。

天皇が自らの後継者を指名することができるようになったのは、七世紀からのことです。それ以前は、後継者を決めるに当たり、長男か次男か、もしくはどの妃の子を皇太子に立てるかなどは、天皇自らがお決めになることはできませんでした。豪族が天皇の配偶者をたくさん出していましたから、ある豪族がうちの娘の子に継がせるといえば、なにいってるんだ、うちの娘の子に継がせるんだとなって、結局のところ豪族間の力関係で次の天皇が決まるという状態だったんです。

そういうわけですから、どこまで遡っても、天皇が政治の中身を決めた時代はほんのわずかしかなかったんです。強いていえば、昭和天皇の終戦の御聖断で、その前は幕末の孝明天皇の時代に、幕府が倒れて新政府ができるまでの少しの間、天皇に政治の実権が移った時期がありました。

それ以前は、七百年前の後醍醐《ごだいご》天皇（在一三一八—一三三九）がわずかな期間政治を執り行っています。ですから百二十五代の天皇のなかでも、天智天皇や持統天皇など、天皇が一時的に政治を動かした時期は数えるほどしかありません。こうした日本の政治のあり方を、学問的には「天皇不親政の原則」といっています。天皇親政は天皇による直接政治ですが、天皇不親政は天皇が直接政治を執らない政治のことです。

長い歴史のなかで天皇はほとんど政治に直接かかわらなかった、だからこそ二千年も続いたのではないかといわれています。

呉さんが先ほどおっしゃった、天皇は国父というよりも国母のような存在だというのは、本当に鋭く観察しておいでで非常にわかりやすいですね。それでは天皇は権力もないのになぜ人々から慕われるのだろうかと考えた時に、以前皇后陛下（現上皇后陛下）が皇室というのは祈る存在だったとおっしゃったことを想い出します。天皇にはいろいろなお役割がありますが、そのなかでもとくに重要なのは国民の幸せをお祈りになることなんですね。この祈りは古代からずっと続けられていますが、現代でも天皇陛下は毎朝必ず国民の幸せをお祈りになっていらっしゃいます。

「国民」と書いて天皇は「オオミタカラ」とお読みになるんですね。「大御宝」というのは天皇にとって一番大切な宝、それが国民であるということです。よく一君万民《いっくんばんみん》という言い方をしますが、どんなに年が若かろうが、もしくは年をとっていようが、財産があろうがなかろうが、社会的地位があろうがなかろうが、すべての民は天皇からご覧になったら我が子同然のような宝物なんですね。そして天皇陛下は毎日毎日、本当に命をかけるようなお気持ちで国民の幸せを祈っていらっしゃるのです。

**呉**　天皇はそのようにして神様と人間の中に立つ方なんですね。

## 天皇が神であるという意味

**呉**　いま、竹田さんに教えていただいたことを含めて考えても、天皇のあり方は諸外国の「王とはこういう存在だ」という枠組みからは、とても理解できないと思います。天皇は中国・朝鮮半島・東南アジアなどの王様と似ている面もありますが、明らかな違いがあります。

もちろんヨーロッパの王様とも違う点がたくさんあります。でも日本の外側からの目では、いくらか違っていても東洋的な君主の一変形だろう、ということですまされていると思います。あるいは、人類学の調査から理論化された、人類に共通な「王権」という枠組みで理解することも行われています。しかし内側から天皇を見ている日本人にしてみれば、ちょっとそういう世界一般の王様とは一緒にしてもらいたくない、何かがたしかに違うんだという感覚があると思います。

諸国の王と天皇との根本的な違いは、やはり天皇が政治権力の掌握なしに、長い歴史のなかで最高の権威者としてあり続けてきたというところにあると思います。そもそも天皇の権威というものは、いつ頃、どのように成立したのでしょうか。いったいどこまで遡れるものなのか、歴史学としては不明というしかないのでしょうね。

**竹田**　北野武さんと対談をさせていただいた時に、北野さんが非常に面白いことをいっていました。天皇というのは最初からあったんだというんですね。僕はそれを聞いていて「ああ、なるほどな」と思いました。天皇が成立した時代というのは、まだ文字がなかった時代です。ですからいくら遡っていっても、どこでどうできたかということを書いた日記とか記録はありません。

北野さんは、日本の歴史を振り返ると天皇は最初からあったという感じがする、だから原点をきめる必要もないといってました。一見、非科学的なようですが、とても科学的な説明だなと思って、なるほどと納得してしまったんです。

**呉**　そうですね、多くの国民もきっと同じような感じ方をしているだろうなと思います。それはよくわかるんですが、私が天皇の権威は何に基づく権威なのかにこだわるのは、天皇は神であり人である、だから天皇は国家最高の権威者なんだという考えが戦前にあって、「そういうイデオロギーが侵略戦争を招いたんだ」と主張する人たちが少なくないからなんです。米占領軍も「神道指令」のなかでそういうことをいっていますね。中国でも韓国でもそういう認識が普通です。

**竹田**　『古事記』では、日の神である天照大御神《あまてらすおおみかみ》の孫が地上に降りてきて、さらにその子孫が初代の神武天皇になったとされています。それで天皇は神なのか人なのかという議論があったんですね。

天皇は現人神といわれたことがありましたが、戦前を含めて現代の日本人は当然ながら、天皇が肉体のない神であると本気で思ってはいません。目があって、鼻があって、口があって、普通の人間だということを疑う人はいないわけです。それならば、「天皇は神である」というのはどういう意味かということです。僕の考えをお話ししたいと思います。

韓国にも神様が地上に降りてくる神話があると思いますが、日本神話では天照大神の孫のニニギノミコトという神様が降りてきます。このニニギノミコトから三代続いて、四代目が初代天皇の神武天皇となります。ニニギノミコト以後三代の神話を日向《ひむか》神話《しんわ》と呼んでいますが、この三代の間に神から人になった経緯が『古事記』に書かれているんです。

地上に降りたニニギノミコトがある日、とても綺麗な女性に出会って恋に落ち、結婚を申し込みます。お相手の女性は山の神の娘で、コノハナノサクヤビメという富士山の神様でした。

古代の日本には姉妹一緒に嫁がせる姉妹婚というのがありまして、父の山の神はコノハナノサクヤビメとその姉ともども、姉妹で嫁がせたんです。コノハナノサクヤビメはとても美人ですが、お姉さんはイワナガヒメという名前で容姿がとても醜かったんです。するとニニギノミコトは、コノハナノサクヤビメだけを自分のもとに留めて、イワナガヒメをその日のうちに帰らせてしまったんです。

それに対してお父さんの山の神は、妹のコノハナノサクヤビメを側に置けば天皇の御代《みよ》は花のように未来永劫栄えるように、また姉のイワナガヒメを側に置けば天皇の御命《みいのち》は石のように永遠のものとなるように、という祈りを込めて送り出したのに、イワナガヒメだけが送り返されたのは、とても残念なことだとしてこういったんです。「以後、天皇の系譜は花のように栄えるけれども、その命は花のようにはかなく短いものとなるでしょう」と。

それで『古事記』は、この時から天皇は寿命をもつようになったと語っているんですね。それでニニギノミコトにも寿命が与えられてやがて亡くなり、その子どもたちも孫たちも与えられた寿命が尽きると亡くなっていきました。

そういうわけで、初代の神武天皇以来の天皇はみな、神の子孫でありながら人間だということなのです。ですから天皇は、人間なのだけれども神としての性格を引き継いでいる、そう捉えるとしっくりくるのではないかと思います。

**呉**　はい、よくわかります。日本の天皇の権威が中国の皇帝や朝鮮の国王の権威と異なるのは、一つには天皇を神々の子孫と伝える神話を日本がもっていることですね。『日本書紀』や『古事記』では、神話から歴史が一続きの流れで語られていて、歴史と神話がダブルイメージでいろいろと語られています。歴史が神話的に語られることもあり、最後まで神話の世界が断ち切られたり排除されたりすることなく歴史が語られていっているように感じます。なんといいますか、要所要所に丹念に神々の時代の記憶がはめ込まれていて、そこに歴史の全体像が姿を現すみたいな印象があるんです。

そんなふうに神話と歴史を判然と分けないのは、神々と人々の間に根本的な区別をおかなかった時代の記憶と通じているからではないでしょうか。そういう意味では、神話はかつて人々の間に共同にあった意識の記憶保存庫のような感じです。

## 女の霊力と女神信仰

**呉**　私は天皇の精神文化的な権威の核にあるのは、おそらく自然宗教的なものではないかと考えています。そして、その自然宗教的なもののなかには、自然生命を育む母性への信仰が、少なくとも半分はあるのではないかと思っています。皇室がそういう半分をずっと保持し続けてきたことが、いまに至るまでの皇室の持続を可能にしてきたのではなかったかと思うんです。

そういうことでいいますと、竹田さんがいわれたように「神話の神としての性格を引き継いでいる」という、まさしくそこに天皇の権威は基づいていると思います。「神話の神としての性格」というのは、私なりにいえば「自然が産む力」ということになるかと思います。古くは人間の女は自然が産む力と同じ力を、そういう霊力を自らもっているので子どもを産むのだと、そう考えた時代があって、やがてそういう女の霊力を崇拝する信仰が、つまり母性信仰が生じたのだと思います。

おそらくは、女の霊力を代表する一族の聖女があり、その聖女が神懸かりして託宣を述べ、一族を代表する男は祭主としてその託宣を受け、共同体の運営を行っていたと思います。それがずっと後の時代に、国家的な規模では天皇と伊勢の斎宮という形をとるようになったのではないかと、そんなふうに思っているんです。

私は日本の女神信仰に大きな興味をもっています。そもそも皇祖神の天照大御神は太陽神で女神ですね。ギリシャ神話でもエジプトの太陽信仰でもそうですが、世界的に太陽神は男神であるのが普通（北欧神話は例外）です。そして大地が女神です。ですから、父なる太陽（天）と母なる大地が合体してあらゆる生命が生まれていくというのが、世界的に大勢を占めています。でも日本では天の太陽も大地も、どちらも女神なんですね。

それと、竹田さんのお話にもあった富士山の神様がコノハナサクヤビメという女神だということも、とても不思議に感じました。韓国からの留学生に富士山が見えるところに案内した時に「ここの神様は女神なのよ」といったらとても驚くんですね。「富士山は日本を代表する山でしょう？　その神様が女神だなんてとても信じられない」っていうんです。

**竹田**　ごつごつした岩山だと男性的ですが、富士山はすうっと柔らかい感じで、裾がスカートみたいになめらかに広がっていますから、女性的だと感じませんか。

**呉**　もちろん容姿はそうかもしれませんが、日本人自ら「日本一の山」と称賛している山が女性の神様だということが韓国人には驚きなんです。日本を代表する偉大なる山の神様が女神だという、日本を代表する天皇家の祖先神が女神だという、日本人はいったい何を考えているのかと、強固な父権主義を伝統としてきた韓国人は首を傾げてしまうんですね。

**竹田**　なるほど、そういうことなんですね。

## 男性皇族の役割、女性皇族の役割

**竹田**　天皇の系譜は一貫して男系継承でして、女系の資格での継承はありません。女性天皇は八方で十代ですが、全方天皇の娘さんであり、一代限りですぐ本流に戻しています。これは女性蔑視ではないかという人もいますが、よくよくこの制度を見てみますと、むしろそうではなく男性に厳しいルールになっているんですね。

民間の女性は皇族と結婚すると宮中に入ることができます。古くは皇族もしくは藤原五摂家の娘でないと天皇のお妃にはなれませんでした。藤原家は民間人ですが、それでも結婚とともに宮中に入ることができました。現在でも、上皇后陛下、皇后陛下、秋篠宮妃殿下は、いずれも民間人のご出身ですが、いまは皇族でいらっしゃいます。

それでは、これまでに民間の男性が皇族になったことがあるかというと、一例もないんですね。なぜそういうことにしたのかはわかりませんが、おそらく外部の男性が宮中に入り込んでくることを嫌ったんですね。ですからこれは、男性を排除するルールなんですよ。もし女帝が外部から婿をとるとなると、民間の男性を皇族にすることになってしまいます。

そういうわけで、男系継承というと女性蔑視とか女性を排除していると勘違いされがちですが、むしろ逆で、男が皇室に入り込むのを防ぐ、男を排除するルールだったわけです。皇室はそうやって外部の男性が皇族になることを防ぎ続けてきました。

天皇の息子である皇子は皇位継承権をもち、将来天皇になる可能性があるわけですが、天皇の娘には皇位継承権がないかわりに、特別なお役割がありました。それは、伊勢の神宮に天皇の代理として仕えることです。歴代の天皇の娘はそうして伊勢の神宮に仕える巫女として一生を捧げてきました。古い時代には斎宮とか斎王とかいわれていましたが、いまは祭主といいまして、現在は天皇陛下（現上皇陛下）の第一皇女で皇太子殿下（現天皇陛下）の妹君にあたりますが、黒田清子様がこれをお務めになっておいでです。

このように、女性皇族には女性皇族にしかおできにならないお役割があり、男性皇族には男性皇族にしかおできにならないお役割があるわけです。いまにいう男女同権は、男も女も一緒くたにして差を認めないいんですね。でも、日本の調和の考え方でいうと、そういうのは男女同権ではありません。昔話にもあるように、おじいさんは山へ柴刈りに、おばあさんは川へ洗濯にと、それぞれの持ち場持ち場で役割分担をしてきました。

**呉**　明快ですね、男系継承の意義がよく理解できます。女帝の即位は、男子の皇位継承者がまだ幼少だからとか、何かの理由ですぐには皇位継承者を定められないとか、即位が困難な事情があって、その間に女帝を立てたという臨時即位の色彩が強いんですね。

女帝の是非が議論されていますが、これは男女同権の時代だからとか、女性が活躍する時代だからとかというのとはまったく別の問題ですね。また、単純に女帝は過去にもあったんだから現代にもあっていいとかいう問題でもありません。

『古事記』や『日本書紀』で知られるように、天皇家は最初からずっと男系継承をとっており、過去の女帝にしても父系の血筋を継承する方であって、天皇家に母系を継承していく女帝の時代があったということは、文献にはまったく見ることができません。

私の考えでは、古い時代の皇室の女性たち、皇女、后、妃、采女《うねめ》といわれた女性たちは、竹田さんがいわれたように巫女的な役割といいますか、神女として国家、天皇を守護する務めを果たされていたように思います。

## イギリス王室の危うさ

**呉**　皇室の女性の人気ぶりには格別なものが感じられます。最初の頃はイギリスの王室と同じようなポピュリズムに陥っているのかと思いましたが、そうではないんですね。各地の神社に女神が祀られていますし、昔から女神信仰が盛んなことからいっても、国民が皇室の女性にことさらな憧れや親しみを感じて当然だと思います。イギリスの場合はやはり、昔から華麗な王朝文化、貴族文化への憧れが庶民の間にあるのかなと思いますが、日本とは事情が大きく異なると思います。

**竹田**　そうですね。イギリスなどヨーロッパの国王と比べると日本の天皇は、政治的にはきわめて力の弱い存在です。それにもかかわらず、天皇は国民を強く惹きつけるだけの魅力をもっている。そういう国王というのは海外ではあまり見ませんね。

イギリスの王室に関して少々びっくりしたことがあります。世界中で最も基礎がしっかりしている王室はどこかといったら、イギリスの王室だろうとなりますよね。ところが、ご承知かもしれませんが、プリンセス・ダイアナが亡くなった時にバッキンガム宮殿に半旗を掲げるか掲げないか、あるいは女王がお悔やみのメッセージを出すか出さないか、そんなことで大騒ぎになったわけです。

多くの国民が「あまりに冷たいじゃないか」というのに対して、王室の方はイギリスの伝統からすれば離婚して王室を出た女性に対して、お悔やみをいうなど例がないことだと思っているわけです。それで世論調査ではわずか数日の間に、王室を廃止すべきという世論が、王室を守りたいという世論を上回ってしまったんですね。

国民に強く支持されていると思われていた王室が、たかがそれだけのことで支持者が急減してしまうというのは、とても怖いなと思いました。その後、女王が全世界に向けてお悔やみの言葉を発せられ、ようやく支持の数字が回復したわけです。ちょっと日本では考えられないことだと思いました。

あの人気の高いイギリス王室ですら、そのような状態です。ネパールが王室を廃しましたが、いまや風前の灯火となっていて、いつ崩れてもおかしくない王室は他にも多いのではないかと思います。

**呉**　大衆社会の要請と市民主義の要請が王室を動かしているんでしょうね。私も日本の皇室の女性たちに対する人気ぶりを、最初はそんなふうに考えていました。でも、日本人の家庭生活のあり方や男女観などがだんだんわかっていくにつれて、これは必ずしも現代的な風潮とばかりはいえないのではないかと思うようになりました。それは、日本社会は率直にいいまして「女が男を裏で操って動いている社会」ではないかと、そういえばぴったりではないかと思えるようなことに、たびたびぶつかるようになったからなんです。

多くの日本人に、韓国のように男が主体で女が補助だという感覚がないんですね。仕事などでは、男が主体で女が補助になっていることがかなりあるとしても、共同社会全体のあり方はそうではありません。それどころか、心理的には圧倒的に女性優位なんですよ、日本では。

戦後民主主義が進んでそうなったとは思えません。なぜかというと、女性優位の心理が日常習慣、社会習慣にしっかり染み込んでいるからです。私なりの体験からいいますと、欧米社会は女性を尊重するとはいっても、精神的には明らかに男性優位の男権社会ですよ。欧米の女性は、心理的に男性（父）になることによってしか、社会的な自立感覚を得るのが難しいんです。欧米では、母性よりは父性が圧倒的に優位な、キリスト教父権社会の伝統がいまなお優勢ですね。

欧米人も韓国人も父親コンプレックスを抱えるのが普通ですが、日本人は逆に母親コンプレックスを抱え込んでいくと思えるんです。やはり日本は父なる国というよりは母なる国だと感じます。

## 皇室が失ってはならない神秘性

**呉**　開かれた王室、オープンな王室といわれますが、それがいいというのは、まさしく大衆社会の要請であり、市民主義の要請なんです。日本でも開かれた皇室といわれていますが、イギリスとは違って、それなりの節度を日本人はよくわきまえていると思います。慎むということ、秘めるということが、聖なる領域を維持していくには欠かせないと思います。なんでもオープンにすればいいなど、身も蓋もないことです。神社でも御神体は神殿奥深くに安置されていて、人の目に触れないようにしていますね。

**竹田**　仏教寺院ですとご開帳で御本尊の仏像を見ることができる場合がありますが、神社では御神体を見せることは絶対にしません。御神体については、口にすることすら畏れ多いとされています。

**呉**　出雲大社の若い神官もそういっていました。知りたくもないし、ただ畏れ入るばかりだと。延々と長い歴史のなかでそうされてきたんですから、これは特別なことだと思いますが、一般でもそれを当然のこととしているんでしょうね。あえてわざわざ知りたくない、秘められた空間があってこそ、それが心の拠り所になると、そうじゃないかと思うんです。

天皇に対しても同じことがいえるでしょう。あまりに閉鎖的ですと困りますが、あけすけではもっと困る、どうかひっそりと慎ましやかにあってほしいと、そういう気持ちがあると思います。

**竹田**　戦前までは、天皇のお姿も直接目で見ると目がつぶれるといわれた時代もありました。何しろ現人神なのですから。

**呉**　もしかすると皇室も一種の神殿、つまり同じ神霊の器だという感じがあるんじゃないでしょうか。

**竹田**　感覚的にはそれに近いでしょうね。

**呉**　そういうところは日本人の精神性をシンボリックに物語っていると思うんです。というのは、日本人の美意識はまさにそうなんですね。くっきり、はっきり、鮮やか、あからさまというよりも、霞んでいたり、周囲と曖昧《あいまい》に溶け込んでいたり、どこかにちょっと隠れていたり、ぼんやりとしか見えなかったりするほうが好まれます。さらにいえば見えないところに美を感じるんです。

神道でもそうですね。あからさまなもの、強烈なものを排除する傾向がとても強いんです。強い匂いを嫌い、強い音を嫌い、強い色を嫌い、血を嫌い、とにかく刺激の強さを嫌います。それで静かで清浄なムードをことのほか好むんですね。

お月様にしても、くっきりと鮮やかに照らす満月よりも、ちょっと欠けた十六夜の月がいい、少し雲間に隠れた月がいい、木の葉越しに見る月がいい。そういう様子の月に風情を感じるのは、若者たちでもまったく同じです。大学の教室でみんなに聞いて回りましたが、日本人学生はみんなそうなのに、他のアジアから来た留学生たちはみな、満月こそが美しいというんです。

皇室がイギリスの王室ほどオープンになってしまったら、誰も皇室に魅力を感じなくなると思います。神秘性があるということは普通の人間関係でも大切なことですね。とくに恋愛関係ではそうです。どこにも神秘的なところが見られなくなれば、百年の恋も冷めるというものです。

**竹田**　本当にそうですね。

## 権威への崇敬と権力への服従

**竹田**　「竹田さんはどういうふうに育てられたんですか。皇室に対する価値観とか何か特別な教育を受けたんですか」といったことをよく聞かれるんですが、特別に父親から皇室とはなんぞやとか、語ってもらった記憶はないんです。ただ、とても印象に残ってることがいくつかあります。

僕が中学生の頃のことですが、昭和天皇崩御の時にいろいろな雑誌の特集号が出まして、興味があったのでいくつか買ってきました。どれも、昭和天皇の御生涯がよくわかるようになっている写真集みたいなものでした。それを読んだ後、自分の部屋に散らかしたままにしていたんです。表紙はもちろん昭和天皇のお顔の写真ですが、そのお顔の上に何でしたか物が乗っていたんですね。

それで父がたまたま僕の部屋に入ってきて、その様子を見るなりものすごい声で怒鳴りつけたんです。「なんだこれは！」とね。こちらは、なぜ怒られたのかわからなくて「はあ？」といった顔をしていますと、「天皇陛下のお顔の上に物が乗っているじゃないか、いったいこれはどういうことなのか、わかっているのか」と、とても厳しく怒られました。

父がいうには、こういう雑誌はきちんと立てて整理してしまっておくべきものであって、散らかしたままにしておくとはとんでもない、しかもお顔の上に物が乗っているなど言語道断、というわけです。

その時に中学生の僕は、生身の陛下のお顔に靴を乗せたわけでもないし、紙の印刷物ですし、しかも自分の部屋でのことですから、誰かに迷惑をかけたわけでもないでしょうと、そんな反抗心をもったことを覚えています。それで口応えをしたら、父は「いうことが聞けないのなら、二度とこういうものは買っちゃいけない」と、いっそう強く怒られてしまいました。

父がなぜそれほど怒るのか、その時は意味がよくわからなかったんですが、徐々にその意味がわかるようになりまして、いまではもちろん、そういうことは絶対にしません。なぜしないかは、理屈がわかったからではないんですね。親父も理屈をいわずに怒鳴りました。ある時、ああ、そういうものなんだと感じたという、そういう体験でした。

**呉**　お父様が理屈抜きで怒られたということは、やがて生活のなかで天皇という伝統的な存在を感じとっていくという、それが信じられているからだと思います。敬愛というのは自らの心のうちから涌いてきてこそのもので、外部から敬愛しろと強制されて身についていくものではない。それなのに北朝鮮でそうさせてきたのは、一つには日本の皇室のような民族的な伝統をもたなかったからなんですね。

北朝鮮では金日成信仰を国民に植え付けるために、実に大がかりな仕掛けをさまざまな形でとってきました。まるで神話のような捏造《ねつぞう》した伝説を作ったのは、政治権力を背景とした朝鮮の伝統的な専制君主を超えて、日本の天皇のような聖王として崇められたかったからだといわれます。でもそこは儒教のお国柄ですから、どこまでも尊大さを見せつけていくということでしかありませんでした。しかも強制的に尊崇を強いていったわけです。

金日成についても、跡取りの金正日についても、新聞を折る時には決して顔写真の部分を折ってはいけないとか、人が集まる所には首領様親子の写真を飾り、日常的に礼拝を欠かしてはいけないとか、火事などの際には真っ先に首領様親子の写真をもち出さなくてはならないとか、厳しい決まりを作って、怠った場合は不敬罪のような形で罰していったんですね。彼らは単なる政治独裁者としてではなく、一種、神様的な存在として君臨することによって、どこにもない強力な政治国家を作ろうとしてきたわけです。

朝鮮半島には、自ずと国民が敬愛を深めていったような王の伝統がありません。ですから、国民が自ずと敬愛していくことなど信じられません。強圧によって敬愛させるしかないわけですが、それでは本当の敬愛など生じるわけもありません。ただ、ただ、怖いから敬愛しているふりをするだけです。それでも、子どものうちからそうさせられて育つと、何だか敬愛しているような気持ちになってくるそうです。金日成の顔写真を折らないのは、表面では信仰の証しとなりますが、内面の恐怖が先立っているわけです。

## 君民一体という日本人の姿

**竹田**　ところで僕は、「日本人はとらえどころがないといわれるけれど、どこか一つに焦点を当てられるとしたら、それは君民一体となる日本人の姿ではないか」と考えています。それはどういうことかをお話ししてみます。

たとえば、日本でキリスト教はほとんど普及せず、その一方で仏教が本格的に浸透したのはなぜなんでしょうか。また、道教や儒教の価値観はしっかり入ったのに、イスラム教の価値観はほとんど入らなかったのはなぜなんでしょうか。僕は、皇室を見ると一つの答えが導き出されると思うんです。

仏教が日本に入ってきたのは、天皇が仏様を拝めと命ぜられたからです。古代に百済《くだら》の王から天皇に金の仏像が贈られてきて、豪族の間で議論が起きました。当時の日本から見たら、朝鮮半島諸国と中国は大変な力をもった国でした。先進国はみな仏教を中心に据えて国を治めている。それならば仏教にはそれなりの力があるのだろうということで、「日本でも取り入れよう」という豪族と、「そんなことをしたら日本の神様が怒るぞ」という豪族がいて、いがみあって喧嘩《けんか》になったんですね。

それで欽明天皇がとりあえず拝んでみたらと、まず蘇我氏に仏様を拝ませたわけです。それでなかなかよいものではないかということで徐々に取り入れることになり、また排除したりを何回か繰り返しながら、最終的には聖徳太子が仏教興隆の詔《みことのり》を出して、国が仏教を正式に取り入れていこうということになったわけです。

こうして正式に仏教が取り入れられて、天皇が大仏を造り、天皇自ら出家して仏・法・僧三宝の奴《やつこ》となり、大仏の前に額《ぬか》ずいたわけです。そうすると、天皇が崇拝している仏教というのは素晴らしいものだということになって、一気に神仏習合の時代を迎えていくわけです。

それに対して、「キリスト教興隆の詔」というのは出たことがありません。天皇が「よし、今度はイエス様がよさそうだからみんなで拝んでみようか」と命ぜられたのであれば、キリスト教は日本に浸透したと思うんですね。もちろん、唯一絶対の神を奉ずる一神教を皇室が受け入れるわけはないんですけどね。日本人は多様でさまざまな価値観があって、とらえどころがないといわれることがありますが、僕は天皇を理解すればわかることだと思います。

平安時代は朝廷が力をもっていて、武家政権の時代になって皇室から政治権力が剝《はく》奪《だつ》され、また王政復古が起こって明治維新となり、やがて終戦を迎えて日本国憲法の時代に入っていく。そうした時代の流れのなかで変わらないものがあるとしたら、それは君民一体となった日本の姿なんですね。

天皇と国民が一体となって、いつも難局を乗り超えてきたわけです。この一体というのは、お互いがお互いを大切にするということですね。何かあった時に日本人がすぐに一つになれるのは、天皇の御存在があってのことです。それほど天皇の力は大きいといえます。

**呉**　なるほどね。私は天皇が国民統合の象徴であり得ているのは、何よりも皇室が、日本人の民俗的な生活のあり方のなかにその根をもっているからだと感じてきました。どんな国でも民衆の生活のあり方は、時代とともに変化していきながらも、古くから人々の間に伝わる風俗や習慣や信仰などを、つまり民俗を保存しているものです。日本の皇室はその保存されていく部分に根をもっていて、国民生活の時代的な変化の相を見事にとらえ返しながら推移してきたように思います。

民族も文化・文明も、時代のなかでさまざまな変化をとげていきますが、それでも容易に変わることのない個性、お国柄とか国民性とかいうものがありますね。その故郷は、ある時代にその地域にはじめて統一体として形成された文化にあると思います。この文化的な統一性によって民族が形成され、人々の心のあり方や行動のあり方を方向づけていくと思うんです。日本の皇室が日本で最初に形成された統一文化に根をもっているのは明らかなことだと思います。

朝鮮の王家も中国の王家もそうではありませんでした。いずれも、現実の権力支配システムとしての王制やその制度の思想が消滅することによって消滅したからです。

でも日本の皇室は、政治的な支配権力ではなくなっても、唯一の王家として長い歴史のなかで生き続けてきています。

**竹田**　はい、もともとの日本人気質というものがあり、そのうえで出てきたのが天皇なんですね。ですから天皇は国民のことを思い、そして国民も天皇のことを思う。君と民はヨーロッパでは必ず対立構造で、王朝を倒して新しい王朝を立てるということを繰り返してきました。しかし日本では王朝が交代したことはなく、天皇と国民との信頼関係は一度も揺らいだことがないわけです。お互いがお互いを思いやってきました。他人を思いやり、地域を思いやるという気持ちが自然な形で国家を形づくっていった。

国内で王朝を倒そうとした人もなく、日本は島国ですから朝鮮半島のように大陸の影響を直に受けることもなかった。そうして、ゆるい形でつながっていた調和のとれた国家が現代まで残ったということだと思います。

## 皇室の適応性

**呉**　日本は連続した長い歴史をもつ国ですね。王朝の交代をすることもありませんでした。だからといって何の変化もなく続いてきたのではなく、いろいろと革新を成しとげてきた。だからこそ、いまに至るまでの歴史があるんだと思います。大化改新（六四五年）、建武中興（一三三三年）、明治維新（一八六八年）など、天皇を中心に多くの人々が結集して日本の革新が成されてきたと思います。

そもそも皇室は鋭い時代感覚をもっているんですね。時代に応じていく柔軟性が豊かです。皇室は単に伝統を維持するだけではなく、いつの時代にも国民生活の変化を巧みにつかみ取りながら、自らをも新たにしていくように推移してきたと思えます。時代、時代の変化に応じて、どのように自らを処せばよいか、皇室はそこのところのセンスを何か本質的に抱えもっているように思えるんです。

皇后についても、国風文化の隆盛とともに女性の手になる文学が登場するようになる平安中期の定子《ていし》皇后は、清少納言が一目おくほどの優れた知識と才能の持ち主でした。『枕草子』からも、定子皇后がゆったりとした落ち着きを湛《たた》えた美人だったことがよくうかがえます。上皇后陛下のケースでも皇后陛下のケースでも、それぞれの時代的な先端との絶妙な距離感を、皇室の「おきさき選び」の背景に感じとることができます。

また、後の生け花につながる立華が上皇の御所ではじめられたり、後醍醐天皇が当時流行の技芸や宗教を身近におかれていたり、明治天皇が軍服に身を包まれたり、昭和天皇が生物学の方面に熱心に取り組まれたりということは、いずれも皇室の時代感覚の敏感さを物語るものといえるでしょうね。

こうした時代の移ろいに対する皇室の臨機応変さは、長い間皇室を持続させてきた大きな要因の一つではないかと思います。国民統合の象徴としての天皇が国民の圧倒的な支持を得ているのも、伝統の持続とともに、そうした時代に対する向き合い方の的確さがあってこそのことではないかと思うんです。

**竹田**　明治天皇も洋式のものを積極的に取り入れた方です。明治天皇のお考えは、これから欧米と肩を並べてつき合っていくためには、やはり日本の皇室の形を変えていかなければいけないというものでした。守る部分は守り、変えていくところは変えていくという、そのへんの線引きをきちんとなさったんですね。

いくら開かれた皇室がよいといっても、本来変えてはいけないところを変えてしまったり、取り入れなければいけないところを取り入れなかったりしてはならないでしょう。いまおっしゃったように、守るべきものを守る、そのために変えていく部分もあるという、そこのところでの皇室は間違わなかったということですね。

## 騎馬民族は日本を征服しなかった

**呉**　騎馬民族征服王朝説というのがありますね。簡単にいうと、朝鮮半島から騎馬民族が日本にやって来て日本土着の勢力を征服した、そして四～五世紀に王朝を打ち建てた、これが大和王朝のはじめである、といったものです。この説を支持する人は、いまではそれほど多くないかもしれませんが、戦後かなり長い間有力視されたと聞きます。この説の影響はかなり大きいと思います。

**竹田**　天皇がどこから来たかという議論にもなっていますが、騎馬民族征服王朝説は学問的には完全に否定されています。もし騎馬民族が日本に来て王朝を建てたならば、騎馬民族がもっていた文物が出土していないとおかしいですね。たとえば壁画に馬や馬具などが描かれているとか、もしくは神話に騎馬民族が日本を征服したことを示すような伝承が残っているとかがなければおかしいわけです。

実際にあの時代に大軍を率いて船で渡ってくるとしたら、いったいどのような方法があったのかも含めて、証拠といえるものは一つもない。とてもいかがわしい説というしかないものです。騎馬民族征服王朝説は、戦後の日本で皇室の歴史を否定したい一部の考古学者が、たしかな証拠もなく主張したのが独り歩きしてしまったというのが実際のところです。

朝鮮半島から多くの技術者が渡ってきて、日本がそれを取り入れたことは事実ですが、騎馬民族が日本を征服して王朝を建てたなど、学問的にはまったく意味のないものです。

**呉**　弥生時代から日本は、大陸や半島の文化や高度な技術をどんどん受け入れていきますが、こうした歴史を拡張解釈して、古代日本を作ったのは朝鮮半島人だとか、日本文化のルーツは朝鮮文化だとかいう見方が韓国には根強くあり、日本のなかにもそう主張する人は少なくないと感じます。とくに奈良の仏教文化についてよくいわれますね。

でも奈良地域についてだけではなくて、古代日本には朝鮮半島からの渡来人が大量に居住していて、全国各地で朝鮮半島の文化を展開していた、古代日本文化の大部分は朝鮮渡来の人々によって作られたものだと、そう主張する人もいます。金達寿《キムタルス》という人はこれを大々的に展開しています。

金達寿さんは、古代まで遡れる全国の地名、人名、寺社名、氏族名などで、少しでも朝鮮半島に通じると思えるものを次々につなぎ合わせていって、これだけ日本には朝鮮文化が行き渡っていたのだ、だから日本文化と思われているものの大部分は朝鮮文化なのだ、という論を展開しています（金達寿『日本の中の朝鮮文化』各巻、『古代朝鮮と日本文化』など）。

たとえば、古代日本には新羅川とか百済木、百済野などの地名があったそうですし、百済大寺というお寺もありました。北九州には韓国岳《からくにだけ》という山もあるわけです。そういうことから、いずれも朝鮮半島からの渡来人の居住地があった証拠だ、彼らによって朝鮮文化が展開されていた証拠だというんですね。

でも実際にはそうではなく、これらは日本人の積極的な外来文化の受容を意味するものであって、それ以上のものではありません。もちろん、古代の朝鮮半島からの亡命者や難民を集めて住まわせた地域はありましたが、間もなく日本文化にとけ込んでいったわけです。それで、地名として高麗町とか高麗川とかがいまも残っているんですね。

日本には、海の彼方の国から豊かな恵みを携えてやって来る神を、客人神（マレビト）として歓待する古くからの信仰があります。こうした信仰が、大陸や半島からの文化が盛んに伝播《でんぱ》するようになった時代に、異国の優れた文化への憧れとして集中的に現れた時期が古代にあったんです。これが「日本の中の朝鮮文化」といわれるものの正体です。

**竹田**　学問的には日本が起源のものもあれば、朝鮮が起源のものもあるでしょう。土器でいえば、日本で最古の土器は青森県の大平山元Ⅰ遺跡から出た土器でして、約一万七千年前のものです。朝鮮半島の土器よりも日本の土器のほうがずっと早いんですね。それから磨製石器も朝鮮半島よりも日本のほうが早いですね。

でもその後の、農耕の技術とか金属器の技術となると、日本よりも朝鮮半島のほうが早く手にしていますね。日本は縄文時代に栄えていたので、それほど真剣に農耕をしなくてもすんだということがあるのかもしれません。石器や土器は日本が早く発達しましたが、その後のいろいろな技術は、中国や朝鮮半島から渡ってきました。その頃になると日本のほうが後進国なんですね。

弥生時代に、中国や朝鮮半島から渡ってきた渡来系の人たちが技術を伝え、日本人は彼らから最先端の技術を学ぶわけです。仏教も、百済の聖明王から金の仏像が仏典とともに贈られてきて、これが仏教受容の端緒を開きます。それまで日本人は偶像崇拝をすることはありませんでしたから、インドの神様とはこんなに神々しいものかと感動したといわれます。金属を鋳造する技術も日本にはなかったですし、鉄鉱石も日本にはないと思われていましたから、時の日本の王権が朝鮮半島から金属の技術をどんどん導入して、それで国の威厳みたいなものを整えた時代があったわけです。

**呉**　法隆寺は世界に現存する最も古い木造建造物です。そこに用いられたさまざまな木造建築技術や工法は、いずれも中国発・朝鮮半島経由の渡来技術だというのが長い間の定説となっていました。古代日本には、法隆寺とかさらに古い山田寺とか飛鳥《あすか》寺《でら》に用いられているような、高度な建築技術・工法はなかったと考えられていたんですね。でもこうした考えは、現在では大きく崩れつつあります。

一九九九年に富山県の桜町遺跡から、約四千年前の巨大な高床式建物の柱と見られる木材が多数発見されましたが、そこに見られる材木を組み立てるのに使われた工法は、それまでは法隆寺に見られるのが最古とされていたものだということです。この発見でこうした工法技術は渡来技術ではなく、日本起源のもので縄文時代からあることがわかってきました。

また他にも、薄いヒノキを格子状に編んだ板状の網代《あじろ》も出土していまして、この技法はこれまでは山田寺の遺跡で発掘された板塀に見られるのが初めとされていたということです。それでこの技法も渡来技術とされてきたんですが、やはり縄文時代にまで遡る日本起源のものだということがわかったんですね。

**竹田**　そうでしたか。それは重要なご指摘ですね。

## 弥生時代に大量の渡来人は来なかった

**呉**　騎馬民族説だけではなく、弥生渡来人が日本人の祖先だという説もありますね。弥生時代に大陸や半島から、農耕技術などの高度な技術をたずさえて日本列島にやって来た大量の渡来民があった、それが弥生人であり少数の縄文人は弥生人に吸収されていった、だから日本人の先祖は弥生渡来民なのであり、彼らが以後の日本文化を築いていったのだと、そういう説です。これもかつては有力な説だったそうです。しかし、いまではこの説はほぼ否定されていて、考古学の遺跡や人骨をはじめとする綿密な調査から、縄文人が弥生人へ変化していったという考えが有力になってきていますね。

**竹田**　そのようですね。航海の技術を考えても、大量の移民がやって来たというのは、とても想定し難いことです。もちろん、弥生時代から盛んに日本に渡来して来る人たちがあったことはたしかです。弥生時代には技術とともに朝鮮半島の人たちが渡ってきましたし、飛鳥時代には日本は朝鮮半島からの移民を受け入れています。百済が滅亡して、貴族も含めて日本に逃げて来た人たちがいたわけです。

それ以降も何回か少しずつ朝鮮半島から日本に入ってきた人たちがいました。彼らはみな日本に帰化して日本人になっていったわけです。ですから、渡来人もまた現代日本人の先祖なんですね。

**呉**　そもそも日本人というのは、何万年も前から長い時間をかけて、少しずつアジア各地から日本列島にやって来た人たちです。その人たちによって、一万数千年前にはじまる縄文時代に日本列島に統一的な文化が形成されました。この時点から日本人というべき人たちの歴史がはじまったわけです。

以後日本列島に渡って来た人たちは、日本人とは別の異族勢力として生きることなく、日本文化のなかにとけ込んでいって日本人となった。そういうことですね。

**竹田**　以前、北海道で講演をした時に、会場に在日韓国人の北海道ブロック青年会の会長がいたんです。僕はそういう人がいるのを全然知らずに、日本と朝鮮半島のかかわりの話をしたんです。それはだいたい、こんな話です。

いま、在日といわれている人たちはここ数十年の間に日本に渡ってきた渡来人だが、弥生時代や飛鳥時代にもたくさんの人が朝鮮半島から渡ってきた。それでもともと日本にいた人たちと混血が進んでいった。すると、ここ数十年に朝鮮半島から渡ってきた渡来人と、千年以上前に渡ってきた渡来人は何が違うかといえば、それは時期が違うだけだ。千年後の日本人から見たら、みな同じ日本人の先祖ではないか。そういう話をしたんですね。

そうしたら、講演が終わってから、その人が自己紹介をして、涙を浮かべながら「あんな話は、これまで日本人から聞いたことがなかった」というんです。それで、すごく感動したといってました。そんなふうに考えている日本人がいることを知って、本当にうれしいといってくれました。僕もうれしかったですね。

# 第二章

# 日本人が発明した融合思想

——イデオロギー対立を超える未来性

## 神様を強くするのも弱くするのも人間しだい

**呉**　以前、出雲大社に参拝させていただいた時のことです。大社ではちょうど神様を本殿のほうにお遷《うつ》しして神殿の修理をしている最中でしたが、若い神官がいろいろと案内してくださりながら、こんなふうにいわれました。「このようにして、すべてやり直しをするんです。遷宮はすべてが新しく生まれかわるという意味で行われます」。それで「神様も変わっていただきたいんですね」とおっしゃるんです。「えっ?」と思いました。神様が変わるってどういうことなんだろうと思ってお聞きすると、「神様もマンネリ化していくものですから、遷宮を通して神様も新しくやり直しをしていただく、変わっていただかないと困りますものね」といわれたので、とても驚きました。

**竹田**　そうですか、よくわかります。日本では神様の力を強くするのも人間ですし、弱くするのも人間なんです。たくさんの人がお参りに行くと神様もパワーを高めます。たとえば伊勢の神宮の御遷宮では、百二十五のお宮を全部お建替えしますから、それは大変なパワーと労力がかかるわけです。遷宮は七年も八年もかけて行われる大きなお祭りですから、そのお祭りを通じて人の気が入っていきます。そうすると、神様は新しい命を受けて、より強い力を得られるということなんですね。

伊勢の神宮の外宮《げくう》と内宮《ないくう》に、それぞれ風の神様をお祀りしているお社があります。外宮は風宮《かぜのみや》、内宮は風日祈宮《かぜひのみのみや》といいます。いずれもいまは別宮待遇の尊いお宮なんですが、鎌倉時代までは小さいお宮だったそうです。それが急に人間の世界でいう出世と同じように、大きなお宮になりました。

なぜそうなったかといいますと、元寇《げんこう》といいますが、鎌倉時代に中国の元が日本に攻めて来た時に、この風の神様が威力を発揮なさったからなんです。元は軍船を連ねて日本に侵攻して来ましたが、その時に神風が吹いたことによって、彼らの軍船はことごとく打ち払われ、日本の国が守られたことが二回ありました。

元が日本に侵攻して来るということで、時の亀山上皇が「どうか敵を打ち払ってほしい」と御祈念なさったのが風宮と風日祈宮だったんです。そうしたら本当に大風が吹いて敵は退散してしまった。これは大変尊い神様だということでお社を大きくし、格別な待遇をするようになったわけです。神様が人に大きな幸せを与えてくださった、それでは人もそれに報いようと神様を盛り立てた。ですから神様も大変ですよね、ちゃんと人にご利益を与えないと忘れ去られてしまいますから(笑)。

**呉**　一方通行ではなく、神から人へ、人から神へという双方向通行なんですね。神様を強くするのも人間しだい、弱くするのも人間しだい。そういう意味でも日本の神様は絶対的な神様ではないんですね。

**竹田**　外国には、神は絶対的なものだとか、王様は絶対的なものだとか、そういう絶対的なものによって国の力を一ヵ所に集め、そのような力で国を治めてきた歴史があります。それで上手くいった典型が、ヨーロッパやアメリカだと思うんです。それに対して日本は、中心に力を集めるのではなく全体を調和させてきたのだと思います。

呉さんもご著書にお書きになっていらっしゃいましたが、それはとてもゆるい支配なんですね。力で押さえつけるというよりも、みんなが共同しながらゆるい関係のなかで生活を送っていく。それで上手くいったのが日本なんでしょうね。

## 調和と融合、他者を思いやる心

**竹田**　日本に特徴的な宗教性はアニミズム的な多神教だといわれますが、アフリカその他のアニミズムが盛んな国では国家運営はそう上手くいかなかった。日本は多神教の心を持ちながら上手くいった。この心の違いはどう考えたらよいのでしょうか。調和というのが一つのヒントになると思います。

日本人は自然とよく調和してきたといわれますが、自然だけではなく、人と人、集落と集落、国内の関係など、さまざまな段階での調和が図られてきました。そして最終的には、大自然と人類の調和が目指されていきます。

調和というのは、全体のなかで自分が何をできるか、何をしてはいけないかを考えることから生み出されます。相手のことを思いやり、いざとなれば自分のためよりも相手のために生きる。家族のため、地域のため、国のために生きる。それが最終的には自分のために生きることになる。自然もそういう「相手」の一つなんですね。

日本は「和の国」といわれるように、調和を一番重んじてきました。それがおだやかで住みやすい、居心地のよい社会を作ってきたのだと思います。そのなかで一人一人がそれぞれの力を発揮して、たとえば優れたものづくりなどをやり遂げてきた。その根本にあるのは調和を重んじる和の精神、他人のために生きる精神ということではないかと思います。

**呉**　何をもって調和というかですが、これについては日本と朝鮮半島では大きく違うと思います。朝鮮半島に伝統的な調和は、基本的に陰と陽の平衡、均衡、つり合いの意識に基づいていています。この世界には、太陽があり月がある、昼があり夜があり、男があり女があり、右があり左があり、温があり冷がありというように、両極のバランスが上手くいっている時に世の中は上手くいくという考えです。きわめて理念的な考えですね。

それでは実際的な中身はどうかといいますと、人間には男と女がいる、お祖父さんがいてお祖母さんがいる、お父さんがいてお母さんがいる、息子がいて娘がいる。この男女と世代の関係がそのままバランスよい秩序を作り出している時に、社会は最も安定することができる。これが調和ですから、父が欠けても、母が欠けても、息子が欠けても、誰が欠けても調和というには不十分です。

またこの「バランスよい秩序」というのは、もちろん儒教的な男性優位の女性劣位、それに長幼の序であるわけです。この秩序を善とする倫理が、家族・社会・国家を一つに貫いているところに、全体の調和が生まれると、そういう考えなんですね。ベースにあるのは父系制血縁集団の祖先崇拝です。

**竹田**　日本でいう調和は、血縁・非血縁に限ることなく、他者のことを思いやる心が基本になっていると思います。

**呉**　まさしくそうですね。朝鮮半島でいう調和は、形をもって示される調和、目に見える外面的な関係や形のバランスであり、日本のように内面的なことを問うものではないんです。いま竹田さんがいわれた、それぞれの内面にある他者を思いやる心というのは、対立や排除ではなく融和とか融合を求めていく心ですね。日本には、海、山、平地の信仰や生活が対立したり、排除し合ったりするのではなく、さまざまな形で融合し、一つの文化複合を生み出していった歴史があります。それに対して中国や朝鮮半島では、文化の中心を占めた平地の政治権力が、海と山の文化を排除して周辺の地に追いやっていくメカニズムが働いてきました。箱庭のようだといわれる自然景観、つまり海、山、平地が間近に接近している、きわめて複合的・融合的な地形が日本の特徴です。ですから、そこに生活する人々も自ずと海、山、平地をゆるやかに行き来しながら、対立よりも融合への方向を深めていったんだと思います。

多くの日本庭園が、日本に特徴的な海、山、平地が複合・融合する景観の縮小版となっていますね。その小宇宙のなかで、日本に特有な多様な自然が再構成されています。ここに山があれば、ここに川があり滝がある、こちら側が海となり浜がある、ここに桜の木があるならば、ここには松の木がある、雑草が生い茂り苔が生える、といった具合に自然景観が見立てられています。何かの作為で自然を寄せ集めるのではなく、自然が自然として実際に生きてある姿が見立てられ再構成されています。

だからこそ、そこに調和を感じるのが日本人です。一本の樹木も、たった一個の石ですらも、「あそこではないここにある」ことによって、個性をもって生きることができています。全体と調和しているからですね。

**竹田**　個は全体のためにあり、全体は個のためにあるということが、日本の庭園からも感じ取ることができますね。

## 和からはじまった国、合議制で成立した国

**竹田**　日本は国の成り立ちからして「和」からはじまった国ですが、だいたい国家

というのは戦争を経て成立していくものですね。力をもった者が力をもたない者を武力で抑えることによって国家が成立していくというのが世界の常識でしょう。ところが不思議なことに、日本の国家の成り立ちはどうもそうではないようなんです。

三世紀の初頭に奈良県の三輪山周辺に鍵穴の形をした前方後円墳ができはじめて、これがヤマト王権成立のサインだといわれています。その不思議な形をした古墳がわずか二百年の間に、東は東北の南のほうまで、西は九州まで広がっているんです。

そしてその頃（五世紀末～六世紀初頭）の埼玉県の稲荷山古墳と熊本県の江田船山古墳から、「ワカタケル大王（獲加多支鹵大王）」という同じ大王の銘が刻まれた鉄剣が出ています。そうしますと、その頃までに奈良県周辺にあった勢力が、日本列島のほぼ全体を治めるようになったことがわかります。つまりヤマト王権は三世紀から五世紀の間に、全国を統一する王権に成長したということがほぼ確実なんですね。

その前の時代は弥生時代ですが、弥生時代は戦争が多く、人々は吉野ヶ里遺跡に見られるような戦争のために備えた城塞《じょうさい》の中に住んでいました。ところが、三世紀から五世紀の古墳時代の前期には、ほとんど戦争の跡が見られません。この戦争がなかった時期に統一王権ができているんです。これは世界史の常識ではちょっと考えられないことだと思います。

**呉**　日本で最初の本格的な都である藤原京、これは七世紀末に造られたものですが、この宮跡を見学しました時に本当に驚きました。敵に対する強固な防壁がまったくないんですね。宮城は単なる目隠しの役を果たすにすぎない掘っ建ての板塀で囲まれているだけで、都全体を巡る防壁もないんです。しかも都を守備できるだけの軍隊が都周辺にはなく、そもそも天皇は軍事を統一的に掌握していないんですね。世界的にも例のないことです。

こんなことで、どうして統一的な国家が維持できるのか不思議でなりませんでした。軍事力とは別の要素があったことを考えなくては、なぜ統一的な支配が可能だったかの理由がわかりません。

**竹田**　どうやって統一国家ができたのかというと、話し合いによってできたんです。

『古事記』には「出雲の国ゆずり」の物語があり、それによれば出雲の支配者は話し合いによって大和王朝に出雲国の支配権をゆずっているんです。そんなバカなことはないだろう、嘘にきまっているといわれていましたが、どうやら事実であることがわかってきました。

出雲大社のすぐ近くに荒神谷《こうじんだに》遺跡というのがありまして、国道の工事の時にそこから銅剣が三百五十八本も出てきました。それまでの発掘調査で発見された全国の銅剣を全部合わせても三百五十本ほどです。それとほぼ同数の銅剣が、荒神谷遺跡一ヵ所から出てきたわけです。これで出雲が軍事国家だったことがわかりました。そして、そのすぐ脇からは銅鐸《どうたく》という宗教祭具が出てきました。銅鐸は近畿地方に特徴的なものですが、奈良県、つまり大和の文化の中心には銅鐸がまったく見られません。

そういうことで何がわかるかといいますと、出雲地方には銅鐸を祭具として用いる、大和地域とは違った特殊な宗教があり、かなりの軍事力をもつ国家があったけれども、五世紀までには大和王朝に併合された、もしくは連合を組んだということです。もちろん戦争の跡は見えません。それからしても、出雲だけではなく他の多数の国々もまた戦争をすることなく、大和王朝の下にまとまっていったものとみられるんです。

大和王朝は、天皇を中心として地方の豪族たちを軍事力によってではなく、それとは別のゆるい力で束ねていったのだろうと推測されます。「話し合い」というのは合議制を意味し、おそらくは最初から合議制で政治が進められていただろうといわれます。

天皇が命令をくだして国を動かすのではなく、みんなでゆるい連合を組み、合意をもって政治を行っていたのでしょう。ですから、戦争によることなく統一王朝国家ができあがっていったのです。いわゆるアニミズムとか自然崇拝の心を共通にもつ日本人だからこそ、そういう国造りができたんだと思います。

**呉**　たしかに、神話によれば日本では、天上の神々がこの国をどういうふうに造ろうかということでしきりに会議をしているんですね。神様までが会議をしている（笑）。

**竹田**　おっしゃるとおりですね。とてもよいところにお気づきになったと思います。

## 八百万の神々と神が宿るという信仰

**呉**　日本には八百万《やおよろず》の神々がいるといわれますね。これは西洋キリスト教の観点でいえば異端の精霊信仰、中国や朝鮮半島の観点でいえば程度の低い鬼神信仰ということになると思います。いずれにしても、文明以前の未開の段階に特有な宗教性だということになるでしょうね。

私は韓国にいた時にはキリスト教会に通っていましたが、日本に来てからもしばらくの間は日本へ布教にやって来た韓国のキリスト教会に通っていました。その頃、韓国の牧師さんからは、日本には八百万の邪鬼がいる、これを早く退治しないと日本に未来はない、日本は邪鬼を崇拝する迷信の国だ、この悪魔、邪鬼を早く追い出してこの地にキリストの十字架を打ち立てることが、日本に来たあなたたちの使命だと、ずっといわれていました。

当時私の住んでいたマンションからある神社の境内が見えるんですが、韓国人信徒たちが集まると、みんなで神社を見下ろしながら、大声で「早く神社の神がいなくなってキリスト教の十字架が立ちますように」と祈ったものです（笑）。

韓国人の牧師さんたちは、日本は八百万の神を信じているので呪われているというんですね。キリスト教の神様は信じることさえすれば祝福を与えてくださる、しかし日本人はまったくキリスト教の神様を信じていない、信じていない人はどうなるかというと、ずっと呪われっぱなしだというんです。

それで牧師さんは「その証拠に」といってこんな話をするんです。日本人は汗水を流して働いてばかりいるけれど、稼いだお金の大部分はアメリカなどのキリスト教文化圏の人たちにもっていかれている、彼らはそれを使って悠々と生活していると。なのに日本人は、うさぎ小屋のような小さな家に住んでいるのだと。そういうことを日本人に早く悟らせなければならないというわけです（笑）。

こういう話は論外ですが、一般に文明と未開が普遍的な唯一神信仰とアニミズム的な自然信仰に対比させられますね。それが正しいとするならば、日本は未開だということになりますが、もちろんそんなことはないわけです。アニミズム的とも自然信仰的ともいわれる宗教性・精神性を色濃くもつ日本人が、未開のままであるどころか、アジアで最初に高度な近代化をとげ、世界有数の科学技術国となり、経済大国となっている、それはなぜなのかということです。その謎を解き明かすことが、私にとっては最大ともいえる課題となりました。そうして、だんだんと神社信仰や神道に足を深く突っ込んでいくことになったんです。

日本人の信仰には、神話にも記された天から降りてくる神の信仰と、民間信仰に伝えられる海や山のほうからやって来る神の信仰があります。この二つの信仰が複合しているところが大きな特徴だと思います。後者の場合は、生命の素である魂があらゆる物に宿っていくのですが、その魂の故郷は海の彼方の島や海の底に想われ、また山中に想われてきました。

そこは自分たちの祖先の神々が住まう国であり、生命の素である魂はその神々の神霊から分かれてこの世にやって来て、あらゆる自然物や人々に宿っていきます。そしてこの世の命が尽きれば、魂は再びやって来た国へと戻っていきます。そういう循環する魂の世界観が日本人の信仰を形づくっています。ですから自然にも人間にも差別がありません。等しく神が宿っていますからね。

## 物を生き物のように扱う日本人

**呉**　日本に来て間もない頃のことですが、山道を歩いていると、道の脇に一人のおばあさんがしゃがんでいて、何か子どもに話しかけているようなんです。でもそこにはおばあさんだけしかいません。それでよく見ると、そのおばあさんは道端の小さな花をそっと撫でながら、「可愛いね、ああそうなの、うんうん寒いでしょう、がんばってね」と、花と会話しているんです。

ちょっとおかしい人なのかと思って知り合いの日本人にその話をしましたら、全然おかしなことではない、誰でもそんな感じはわかるものだということなので驚きました。韓国ではまずありえないことです。もちろん、自然を擬人化して「ああ可愛い」などと独り言をいうことはあります。でも、まるで相手が人間であるかのように声をかけたり、しかも会話をするかのようなことはありえないことです。

日本では天然自然の物ばかりか、人間が作り出した物にも神が宿るんですね。心を込めて焼き物を作れば焼き物に神が宿る。いい加減に作れば神は宿らない。そういう気持ちがあるから、日本人は表からは見えない裏のところや隅々まで粗末にできないんでしょうね。日本では「見てくれがよければいい」といった考えは軽蔑《けいべつ》されます。

**竹田**　日本人は道具や人間が作り出した物を、まるで生き物であるかのように表現しますでしょう。それで僕が中国に行った時にすごく笑われたことがあります。泊まっていたホテルの部屋の電球が切れたんです。その頃はまだ片言の中国語しか使えなかったので、「電球が切れる」の「切れる」という中国語がわからなくて、電球を外してフロントにもって行ったんです。

どういえばよいか困ったんですが、思わず日本でよくいうように「これ死んでます」と中国語でいったんです。すると「ふふふ」と笑われてしまいました。「電球が死んでるなんて表現はちょっと考えられない」って、それで「聞いて、聞いて、日本人がこんなこといってるよ」「えっ、なにそれ、ははは」と、大笑いされたことがありました。

日本では、「これ死んでる」とか「生きてる」とか普通にいいますが、中国ではそういう言い方をしないんだなと、その時に知りました。また、物なのに「おカバン」とか「お茶碗」とか「お」を付けて丁寧語で使うこともよくありますね。これも一種の擬人化だと思いますが、こういう表現は西洋の言葉にはないでしょうし、たぶん韓国語にもないと思いますが。

**呉**　それはないですね。「時計が死んだ」「火が死んだ」という言い方は韓国語でもよくしますけれど。

私の友だちに上海出身の中国人がいます。彼女は日本人と結婚して子どもがいて、幼稚園に行かせていました。彼女がその幼稚園に子どもを迎えに行った時に、園庭の柿の木に実がなっていて、子どもたちがそれを取ろうといたずらをしたそうなんです。

その時、幼稚園の先生は子どもたちに「柿さんが痛くなるからよしましょうね」といったそうです。柿の実をさん付けで呼んでいると、彼女は驚きながらも素敵なことだと感じたといいます。それで私に「あんなふうに植物まで同じ生き物として扱う感性は日本人だけの独特のものなのよ」とニコニコしながらいっていました。

日本人はたしかにしばしば物を擬人化しますが、それはけっして意識的なものではなく、無意識のうちにしている擬人化なんですね。それに対してキリスト教では自然の擬人化は戒められます。神は人間を神の姿に似せて造られたと聖書にありますから、他の自然を人間のように扱うことは、神への冒瀆《ぼうとく》ともなるんでしょうね。

## 日本には縄文時代以来の歴史がある

**呉**　日本人の精神や日本文化を、ある種の考古学的な地層のように考えてみますと、現在の精神性とか文化的な性格とかいうものは、大きく三つの層から成り立っていると思うんです。第一の層は近代的・欧米的な日本、第二の層は古代的・農耕アジア的な日本、ここまでは外国人にもよく理解できると思うんです。しかし日本にはもう一つ、自然を崇拝の対象とする以前の、自然を人間の対等な仲間と感じて生きていた時代にまで遡る第三の層があって、これが外国人にはなかなかわからないところなんですね。

この第三の層は前古代的というか、前農耕アジア的な日本というべきもので、縄文時代に形づくられた精神性といってよいもので、日本人の精神性の基盤となっているものです。この三つの層の精神性が重層的に複合して、現在の日本人の精神性を形づくっている。私はそういうふうに考えてから、これまで見えていなかった日本が、とてもよく見えるようになったと思っています。

こうした見取り図を描いてみるとわかることですが、中国や朝鮮半島ではどうかというと、第三層がほとんど消えてしまっているんですね。残っているにしても、周辺地域に疎外されたわずかな部分で、ひっそりと命脈を保つばかりです。中国人や朝鮮半島人の基本的な精神層、文化層として生きているとはとうていいえません。それはおそらく、中国でも朝鮮半島でも、アジア的な農耕社会の形成期に文化的な統一がなされ、そこでようやく人々が民族（エスニシティ）として成立していったからです。

日本ではそうした文化的な統一性が、すでにアジア的な農耕社会が形成される以前になされていました。それが北海道から沖縄、離島に至るまで共通して見られた縄文文化ですね。そこが中国や朝鮮半島と根本的に異なるところです。この第三の層が日本民族の資質を形づくっていて、いまなお日本人の精神性、自然観、宗教性などを強く特徴づけているわけです。

なぜ日本ではこの第三の層が失われることがなかったのでしょうか。そこにはいろいろな理由、事情が考えられますが、私はそこのところの解明を日本研究の最大の課題としてきました。

単に三つの層が重層的に複合しているのではなく、第三層は基軸として各層を貫いているとも思えます。あるいは源泉として常に汲み上げられていく、影響を与え続けている、そういうふうにも思われます。いずれにしても、この第三層のような精神性を持続させながら、世界に先端的な文化・経済・社会を築いて日本が現在あるのは間違いないことですから、これを文明的に劣った未開の精神とみなしたり、無視したりすることはけっしてできません。

**竹田**　よくわかります。縄文時代はとても長く続きましたから、日本はこれを勘定に入れると優に一万年を超える歴史をもっています。日本で一番最初に土器が作られたのが約一万七千年前であり、本格的な農耕がはじまったのは弥生時代以後、いまから二千年ちょっと前のことです。ということは、縄文時代は一万五千年以上続いたわけです。そうしますと、縄文土器が作られてから現代までを百とすると、日本の歴史の八割以上が縄文時代ということになります。

ですから、一万年以上も育んできた日本人の先祖である縄文人のものの考え方、気質というのは、そう簡単に、五百年や六百年、ましてや数十年で消え去るものではありません。大地震や大津波が起きると、そういう縄文時代から育んできた精神がバッと出てくるんじゃないかと思うんです。縄文時代に該当するようなものはよその国にはないんじゃないですか。

**呉** 縄文時代は考古学的には新石器時代ですが、その時代に日本の縄文文化のように広い範囲にわたって共通する文化を形づくっていた地域は他にないそうです。

**竹田** これだけ山と海が接近していて、四季折々の恵みがあって、海の幸、山の幸がとれて、一つの民族として一定の文明をもち得ていたというのは、よその地域ではあまりないわけですね。この縄文時代の感覚が持続していたからこそ、戦うことなく統一国家ができたと思います。

## 宗教の自由を認めていた大和王朝

**竹田**　日本の歴史で注目したいことの一つは、宗教弾圧をしてこなかったことです。世界の諸国がたどった歴史では通常、統一国家ができる時は「自分たちの神が正しく、あなたたちの神は正しくない」といって、宗教を禁止しますね。ところが、大和朝廷は「いままでどおり拝んでいてよろしい」としています。ですから、出雲は大和王朝に併合されたにもかかわらず出雲大社は残り、出雲の宗教はしっかり残っているわけです。

もちろん出雲以外でも同じことです。尾張には熱田神宮などに見られる地域の伝承が、伊勢には伊勢地域の神話や伝承が、南九州には天孫降臨という独特の神話が、それぞれ残っています。やはり弾圧しなかったからですね。

いずれもともとは、それぞれ独自の性格をもった別々の宗教だったはずです。それに対する大和王朝の宗教的な姿勢は「それでもいいよ、自由に拝みなさい、僕らは僕らの神様を拝むから、君らは君らの神様を拝んでいいですよ」という具合です。それで日本中にいろいろ個性豊かな宗教が残っていきました。

それで、何百年か経って『古事記』『日本書紀』を編纂した時に、ばらばらだったかもしれない宗教が一つの物語にパッケージされていくわけです。そのおかげで日本には宗教戦争がありませんでした。これはすごいことだと思います。僕は『古事記』こそ世界遺産にふさわしいんじゃないかと思っています。

そういうことから、古墳時代にできたヤマト王権の段階ですでに、ずっと後のフランス革命以後に西洋人が手にしたような、思想の自由だとか宗教の自由だとか、そういう人権や自由の根本的な部分が保証されていたといえます。ヨーロッパの人たちは、血で血を洗うような戦いを繰り広げていくなかで、ようやく市民が主権を手に入れて、信仰の自由などの内心の自由をはじめとする諸々の権利を手に入れていったわけです。日本ではその千何百年も前に、ゆるい統治のなかで人々が自由に暮らす体系を作っていて、国が海で隔てられていたから、そのままずっと残ったわけです。

内心の自由は近代国家の基本ですね。それを日本は千何百年も前に実現させていたとなると、何をもって近代国家というかということになってきます。日本は近代の要素といわれるものはすでにみんなもっていて、西洋との接触以後は経済力を身につけていっただけだと、そう考えれば納得しやすいなと僕自身は理解しているんです。

**呉**　国が海に隔てられていて、外敵の侵入による文化破壊とか、異民族支配による伝統文化の断絶がなかったなど、日本は本当に幸運な地勢に恵まれたと思います。これを逆にいえば、敵対ということがなければ、人々は常に平穏無事に暮らすことができる、日本のたどった歴史はそうした事実を優れて物語っている、ということでしょう。異民族の侵略による支配・被支配の歴史をまったくもたないのは、世界で唯一日本だけですね。

日本がたびたび甚大な被害を受けたのはみな天災です。平和な生活の持続が伝統としてずっとあったからこそ、平和な生活をいっそうよいものとして再興していこうとするエネルギーが力強く出てくるんですね。

朝鮮半島も中国も、北方の民族から絶え間ない侵攻を受け続けてきました。そういう国では、自然崇拝なんかしていたのでは、一六世紀のアメリカ大陸のように簡単に支配されてしまいます。ですから、強烈なイデオロギーをもって国内秩序を固めていかなくてはなりません。それが儒教、とくに朱子学だったわけです。

西洋や中東では、キリスト教やイスラム教がその役割を果たしました。仏教を国家守護の宗教とした地域もあります。でも日本は、そうした一つのイデオロギーで国家的な統一を図るなど必要のないことでした。そういう非イデオロギー国家は日本だけではないでしょうか。

**竹田**　敵対関係があればあるほど、力を一ヵ所に集めて国家国民を守る体制を固めていかないとならないですからね。日本ではそんな心配はいりませんでした。

**呉**　そうですね。だから中国や朝鮮半島では、山の神、海の神、木の神などへの信仰を排除していった。みんながみんな、同じ魂を宿す人間だ、仲間だというのでは、外敵を憎むべき存在として向き合う体制など作れませんからね。

外敵に悩まされるところでは、どうしても国をまとめる統一的なイデオロギーが必要となり、これを体現する強烈なリーダーシップが必要となってきます。そこでは、すべての権力を掌握する専制君主がなくてはなりません。中国王朝でも朝鮮王朝でも君主は専制君主でした。共産主義思想を体現する毛沢東、金日成・金正日もまさしく現代の専制君主ですね。

## 平和だったから職人文化、庶民文化の花が咲いた

**竹田**　日本は平和だったから、マニアックな人も多いんですね。家族代々焼き物をつくって何百年とか、お茶を点てて何百年とか。そもそも、お茶を点てて食べていける国なんて他にないですよね（笑）。

**呉**　朝鮮半島にも中国にも、そうした職や技芸で身を立てることは賤《いや》しい者がすることで、より高い徳を目指すべき大人《たいじん》がすることではないという考え方が伝統的にありましたね。大の男の最高の甲斐性といえば、とにかく政治です。とくに朝鮮半島では、国を動かす政治家こそ一番尊敬に価するとされてきました。強烈なリーダーシッ

プを必要とした歴史が、そういう政治第一の価値観を生んでいったと思います。李氏朝鮮王朝では、絵描きとか、ものづくりの職人たちとか、お坊さんとか、いずれも最も低い身分に置かれていました。

**竹田**　日本では逆に、そういう人たちは、むしろ位が高くて尊敬されます。商人出身の千利休が、あれほど尊敬される立場にもなるわけです。

**呉**　そうですね。秀吉と利休と、いったいどちらが偉いのかわからない。一方は日本で最高位の武将の棟梁《とうりょう》であり、国家的にも関白という最高の身分でもある。そしてもう一方は単なるお茶の師匠にすぎない。それなのに、秀吉は利休に一目も二目も置くわけです。最後には、利休は出すぎたということかどうかわかりませんが、秀吉に切腹させられます。それほど利休は秀吉にとって大きな存在でした。最高の権力者と一介の茶人ですよ、こんな関係って、他の国にあるものでしょうか。

いまでもそうですね。一方に著名な焼き物の窯元がいて、もう一方に政治家である国会議員がいるとしますと、日本ではどうやら窯元のほうに多くの尊敬が集まるようなんですね。実際、会合などでそうした感じを受けたことが何度もあります。

**竹田**　総理大臣をやった細川さんも、引退してからしきりに焼き物を焼くようになっていますが、どのようにご覧になりますか。

**呉**　最高の地位にまで上り詰めた人が「なんで？」と、とても驚きました。地位をきわめて引退した政治家が、詩をたしなむなど文人の道に入っていって、陶器を鑑賞したり、絵を鑑賞したりするようになる人は韓国にもいますが、自らの手で作陶をしたりということはまず聞きません。職人に描かせる、作らせる、あるいは文化パトロンになるのが一般的でしょうね。

これも日本に来て間もない頃の話ですが、アルバイト先の会社が、取引先の会社の社長さんを招いてある寿司屋に行った時に私も同行させていただいたんです。それで、その寿司屋の板前さんは、なんだかものすごく態度が大きいんです。他の客に対して、寿司屋ではそういう食べ方はしないもんだとか、客にいちいち注文をつけているんですね。それを見て、その社長さんは何かびくびくしながら食べていらっしゃる。本当に驚きました。

それで、アルバイト先の上司に、客と板前とどっちが偉いのかわからないといいましたら、そんな発想は日本人はしない、寿司屋には寿司屋の作法があって、いかに地位の高い人だろうとそれに従うものだといわれました。お茶室でもそうですね。その場所の作法の下で、みんな平等なんです。

**竹田**　幕末までは天皇を中心とする公家《くげ》社会があったんですが、そのなかには天皇の料理を作る家もありました。その家には一定の家格が与えられていて、同じように、天皇が何かの務めをなさる時に、それに供奉《ぐぶ》するいろいろな役割が公家に与えられていました。それぞれ相当の位階が与えられていますから、料理人イコール底辺の人ということではないんですね。

**呉**　李氏朝鮮王朝では、文化は政治を執り行う一握りの官僚が独占していて、国民には質素・倹約が強いられました。庶民には、食べていくために必要な手だて以外に余計なものはいらないという考えです。余計なものというのは文化的なものですね。

たとえば、李氏朝鮮王朝時代の庶民の日常着は一様に真っ白なものでしたが、色染めの服装は日常生活には余計なことだ、庶民には贅沢《ぜいたく》だとされたんですね。

服装以外でも、食器、家具調度、布団など、いずれも生活の必要性を満たすだけの粗末なものでした。貧乏ななかでそういう生活に長らく甘んじてきましたので、日本のような庶民文化が育つこともありませんでした。文化といえる文化は官僚貴族たちの文化しかなく、庶民はそれを憧れの目で見てきたんです。

## ここが違う韓国と日本の礼儀正しさ

**竹田**　日本には古くからの八百万の神々の世界があり、そこへ朝鮮半島から儒教が入ってきました。日本は古くからの要素をしっかり保ちながら儒教を取り入れ、それを日本的なものにして定着させていったと思います。僕は儒教の考え方が入ってきたことによって、日本が完成したと思うんです。儒教の要素がまったくなければ、日本文化もいまとは全然違うものになったと思います。

韓国では、いまなお儒教の精神が根強く残っていますね。そこのところで、我々日本人の目からみた時に、韓国は立派だなと思えるところがたくさんあります。たとえば親を尊重するとか、家族を大切にするという儒教の精神です。日本人には、自分には関係ないと思う人たちが多いように思います。礼儀の正しさとか、敬語をきちんと使い分けることとか、日本人は韓国人から学ぶことがたくさんあると思います。

**呉**　韓国人の美点というと、多くの方がそのへんのことをいわれます。たしかに韓国人は、祖父母や父母や目上への礼、尊敬語の使い方などでは、日本人よりもきちんとしていると思います。でもそれは礼の形式なのであって、必ずしもそれがそのまま内面の心の内容かどうかは別問題です。

外面の形式だけを見れば、韓国人のほうが礼儀正しく見えるかもしれません。儒教社会では礼の形式がそのまま制度なんです。つまり礼は、長幼の序、地位の上下、身分の上下をはっきりさせ、整然とした社会秩序を形づくっていくためにあるものです。

そもそも儒教の礼の目的はそこにあるんですね。

**竹田**　呉さんは韓国の倫理が崩壊しているということを大変厳しく書いてらっしゃいますが、日本でも若者の倫理的な乱れには激しいものがあります。若者が父親を罵《ば》倒《とう》したり、その果てには親を殺してしまうような事件が後を絶ちません。礼儀作法はとても大切なものだと思います。

僕が韓国の青年と接する時にいつも感じるのは、非常に礼儀正しいということです。たとえば、片手で物を取らない、何段階もある敬語もきちんと使いこなしているなど、礼儀や作法を重んじる伝統がちゃんと生きているところです。これは日本の若者は学ばなければいけないと、いつも思います。

韓国では先生に使う敬語と親に使う敬語とは違うんですね。日本では敬語は一種類しかありません。皇室関係には特殊なものがあるとしても、親に使う敬語と先生に使う敬語は一緒です。ある日本生まれの在日韓国人青年と話した時に、彼は「自分は日本で育っているので韓国語は得意ではありません、ですから韓国へ行った時には、少々失礼な言い方をしてしまうかもしれませんとお断りをしないと、目上の人とはちょっと話しづらいんです」といっていました。そういうところで悩んでいる姿が、僕には美しく感じられました。

**呉** 目上への礼儀がなっていなければ、韓国では一人前に扱ってもらえませんからね。しかも韓国では身内への礼儀が一番なんです。ここが日本育ちには難しいと思います。韓国人は日本人のように、身内以外の人に対して「うちの父は外出しています」とか「うちの社長は外出しています」と尊敬語抜きでいうことはけっしてありません。外部の人に対しても「うちのお父様におかれましては外出されています」と「うちの社長様におかれましては外出されています」と、必ず尊敬語を使って表現します。身内の血縁に第一の価値を置く伝統からきたものです。

韓国人の礼儀作法について日本人が勘違いしているものはいろいろとあります。自分たちは礼儀が正しい、朝鮮半島は東洋礼儀国といわれてきたと、韓国人も北朝鮮人も自慢するんですが、そこでの礼儀というのはもっぱら目上に対する礼儀なんですね。

目上、目下の関係は社会秩序を維持する上で絶対的なものでして、朝鮮半島人にとっての礼儀正しさといえば、すべからく家族や社会の下の者が上の者に対しての礼儀正しさであり、日本人のように下の者にまで、上下を問わず礼儀正しさを示すことはありません。

**竹田**　それでは、目下に対しては礼を尽くさないということも起きてくるんですか。

**呉**　そういうことです。目上の者は目下の者に対して、へりくだった態度を見せてはいけません。常に堂々として尊大な態度をとるのが良いことなんです。そうでなくては、上下の関係が乱れてしまうからです。儒教のいう長幼の序とはそういうことです。家族レベルでの上下、社会レベルでの上下、国家レベルでの上下の秩序が一貫して整然と守られていることが、儒教社会の理想なんです。

**竹田**　韓国でいう礼儀正しいということと、日本でいう礼儀正しいということとはかなり違うんですね。

**呉**　違いますねえ。韓国でも最近は日本や欧米の影響で、デパートや商店の店員は礼儀正しく客と接するようになっていますが、かつてはそれは横柄な態度をとっていたものです。中国の場合は共産主義も影響しているでしょうが、韓国のデパートでは客の服装で接し方が違っていました。粗末な身なりをしている者には、まことに横柄な態度で接します。そのように、すべからく上に対する節操が朝鮮半島での礼儀というものなんです。

## 日本は儒教をどのように受け入れたか

**呉**　日本は儒教の影響を強く受けてきたといわれますが、これについても誤解がかなりあると思います。日本は独自のイデオロギー体系をもっていませんから、儒教など外来の思想を用いて、必要に応じて自分たちのものの考え方や思想を説明してきました。神道書や武士道書に、儒教・道教・仏教の言葉や概念が多数登場しているのもそのためです。

ですから、儒教の影響を受けて神道や武士道が完成したのではありません。儒教の言葉や概念を用いて神道や武士道を説明したんです。そうやって、神道や武士道にしっかりした裏打ちをほどこしていったわけです。影響というなら、そういう意味での影響が中心だったといえるのではないでしょうか。

『源氏物語』で作者は光源氏に、大和魂をよく生かすために才《ざえ》を、つまり漢学を用いることが大切だと語らせています。これが和魂漢才といわれるものですね。儒教という漢学を和魂によって独自に使いこなしてきたのが日本の知識人だと思います。それに対して、儒教という漢学を一個の思想体系として学びそのまま身につけていったのが朝鮮半島の知識人です。

日本の儒学者は、朱子学を懸命に勉強していきますが、最終的にはほとんどが厳しい批判者へと転じていきます。そして、儒学ではなく孔子自身から学べ、孔子の原点に戻れという人たちまで出てきます。朱子学をはじめとする儒学は孔子の思想そのものではありませんね。ある種の解釈学であり、また主義であるわけです。日本の儒学者にはそういう観点が強くあったと思います。日本の儒学は、やはり和魂によって用いられた日本独自の儒学というべきものでしょう。

**竹田**　もともとは日本とは違う思想などが日本に入って来ると、上手くまざりあったり、新しい論理が構築されたりしていきますね。そもそも神道と仏教が神仏習合という形をとるようになったのは、おそらく世界的に日本以外では起きなかったことでしょう。仏教がよその神様と一緒になるなんてことはなかったことだと思います。また、仏教が入ってきたことによって、もともとあった神道は違ったものになっていきます。仏教も神道と一緒になることによって違ったものになる。そうやって日本独特のものを作りあげていきますね。

**呉**　まさしくそうですが、韓国人はだから日本人は節操がないんだといいます。つまり、先人が苦労を重ねて完成したものを勝手に作りかえてしまう、それも継《つ》ぎ接《は》ぎだらけの「いいとこ取り」をして、都合のよいように利用するというんです。それに対して韓国人は、我々は正確な理解によって体系ごとそっくり受け入れた、それが正しい受け入れ方であり、我々はそれをさらに深めて進化させてきた、韓国朱子学はまさしくそうして生み出していったものだと、そういう誇り方をします。

そういうわけですから、日本人の考え方には体系が見えない、論理の道筋がつかめない、そもそも体系も論理もないんだということで、日本人の考え方はつかみどころがないと、とても不安に感じるんですね。これが日本なのかと思ったら、別にこういう日本もある、何がいったい日本なのかと、わからなくなるんです。

根本にあるのは、多元的な日本に対する一元的な韓国ということだと思うのですが、その多元性が多くの韓国人には、なんて気が多いのか、浮ついているのか、節操がないのか、と感じられることになっているんです。

**竹田**　日本人はとらえどころがないとか、非常に多様で多元的であるということですが、どこか一つに焦点を当てられるとしたら、先に述べたように、僕は君民一体となる日本人の姿ではないかと思うんです。

## 釈迦の教えの原点が生きている日本仏教

**呉**　日本仏教を大きく特徴づけているのは、「草木国土悉皆成仏《そうもくこくどしっかいじょうぶつ》」という考え方だと思います。「あらゆる自然物はことごとく死ねばみな仏になれる」という考え方ですね。それ以前にインドの大乗仏教では、「一切衆生悉有仏性《いっさいしゅじょうしつうぶっしょう》」という立場が説かれています。

これは「すべての衆生（生類）はことごとく仏となる性質をそなえている」ということですが、この「衆生」というのは「心をもつ存在」とされていて、植物や無生物は入っていません。それに対して中国では、南部の江南地方に栄えた六朝（二二二〜五八九年）の後期に、植物には心があるのかないのかが盛んに論じられ、老子や荘子の思想の影響から「植物にも精神性がある、したがって仏になれる」という「草木成仏論」の主張もいくらかは出てくるようになったといわれます。

ところがこれが日本に伝えられると、「草木」はもちろんのこと、「国土」も「山川」も、つまり無機物を含めた一切の自然物が仏性をもつという考え方になっていくわけです。すべての自然物には人間と同じように魂が宿っているという、仏教渡来以前からの日本人の自然観＝死生観があったからこそ、そのように仏教思想の受容が行われたのだといえるでしょうね。

**竹田**　もともと仏教の発祥の地であったインドでは、いまでは仏教徒がほとんどいないそうです。人口の〇・八パーセントといいますから、インドの仏教はほとんど絶滅したといえます。中国の仏教も壊滅的で、文化大革命でありとあらゆるお寺が破壊され、仏教徒はほとんどいない状態です。

**呉**　朝鮮半島では、李氏朝鮮王朝が朱子学を国教としたため廃仏運動が盛んとなり、仏教は大きな弾圧を受けました。一五世紀末には全国に一万以上あった寺院の大部分が破壊され廃棄され、僧侶はもっとも低い身分に落とされました。残った寺院はすべて国家の管理下に置かれ、たくさんあった宗派は次々に廃止させられたり統合させられたりして、最終的に残ったのは禅門の曹渓宗《そうけいしゅう》ただ一つという状態になりました。現在の韓国にはいくつかの宗派があることはありますが、いずれも小さなもので、韓国仏教といえばなんといっても曹渓宗です。

**竹田**　中国や朝鮮半島の仏教はそれぞれの進化のなかで、釈迦の教えとしてあった仏教の基本原理から少々離れていきましたが、日本では釈迦の教える仏教への回帰のようなことが起きました。それで結局、極東の一番端の日本に仏教の一番もとの形に近いものが残っているといえるでしょう。さらには日本的に解釈し直したり、もしくはよいところを取るという形で、多彩な仏教が残っていますね。

**呉**　日本では古代のもっぱら貴族向きだった仏教とは異なる民衆仏教が、鎌倉時代に次々に生まれていきましたね。そういう民衆仏教のあり方には、まさしく釈迦の教えの原理が息づいていると思います。それは残したというよりは、そもそもの日本人の精神性に釈迦の教えがよく響いたからだと思います。

**竹田**　外来の風水と日本の陰陽道《おんみょうどう》の関係でもそうですね。風水は中国、朝鮮から入ってきた陰陽五行説がもとですが、日本に入ってくると風水が陰陽道という形でものすごく学問的に深められていきます。中国では風水はもちろん、陰陽五行説もほとんど無視されてしまいます。香港や台湾では風水はそのままの形で重宝されていると思いますが、本家本元の中国ではほぼ消え去ってしまい、日本では陰陽道として幕末に最高の段階に昇華していくんです。

## 韓国のキリスト教と自然観

**竹田**　この機会に呉さんにお聞きしたいんですが、韓国ではなぜキリスト教徒が多いんでしょうか。クリスチャンは日本だと二パーセント程度しかいませんが、韓国では三〇パーセントくらいと聞きます。

**呉**　韓国のクリスチャン人口は国民の半分近くにまでなっています。朝鮮戦争以後、急速に増え続けましたが、その多くがプロテスタントです。韓国の伝統的な儒教には来世観がないため、困難な現実に生きるしかない状況下では救いがないんです。そこで朝鮮戦争の災禍をきっかけに、キリスト教に救いを求める人たちが急増したわけですが、実は儒教の考えにはキリスト教を受け入れやすい要素があるんですね。

北朝鮮の金日成の思想、主体思想といいますが、この実体は儒教です。マルクス主義的に色づけした朱子学なんです。例の大韓航空機事件の首謀者、金賢姫《キムヒョンヒ》が韓国に来てキリスト教に入信しましたが、その時に彼女は、キリスト教は北朝鮮の主体思想とよく似ているので受け入れやすかったと語っています。

儒教は中国に古くからあった天帝思想と強く結びついています。天帝というのは世界の普遍的な原理を意味しますが、それは唯一の天なる父とされ、中国の皇帝や朝鮮の国王は、天帝の息子の資格を得て地上の支配者としての国王たり得るわけです。新国王の就任儀式は、天帝から息子として承認を受ける意義で行われるものなんですね。

唯一の天なる父である天帝とその息子という組み合わせと、天なる唯一の父である神と神の子キリストという組み合わせは、とてもよく似ていますね。日本では天なる父といってもピンとこないでしょうが、韓国ではピンとくるんですね。日本で「神様」と祈るところを、韓国では「ハヌニム（天様）」といって祈ります。

**竹田**　そうですか。それでは韓国に自然信仰のようなものはないんですか？

**呉**　あるにはあるんです。いわゆる巫術《ふじゅつ》ですね。ムーダンという巫女が踊ったり歌を歌ったりして神懸かりし、信者の願い事に応じていくという、そういう宗教があります。でも韓国では、そういうのは田舎のおばあさんや、教育レベルの低い人たちがやるものだと、蔑《さげす》みの目で見るのが一般的です。

そういう、辺域に残る自然崇拝的なシャーマニズムには、あの世の観念があります。キリスト教以前には、とくに女性たちから信仰を集めていました。しかし現代の社会では、とても優勢な位置を確保することはできません。あの世の救いについては、キリスト教の天国観に譲るしかありませんでした。

**竹田**　そうですか。では韓国人の自然観はどんなものですか。

**呉**　韓国の自然環境は日本とかなり近いものですね。ですから、古い時代にはよく似た自然の神々への信仰がありました。それは残っている神話や伝承から知ることができます。民間には高麗王朝の時代まではかなりそういう自然観が残っていたようですが、李氏朝鮮王朝の時代になって、それまでの伝統文化は儒教によって徹底的にローラーをかけられましたから、自然信仰のようなものはみな潰されていったんです。先にもいいましたように、周辺地域に細々と残りはしましたが。ですから韓国人一般の自然観といえば、やはり儒教的なものです。人間を頂点とする階層的な秩序をもつ自然ですね。

韓国では儒教の考えがそうであるように、自然万物のなかで人間が最頂点に位置するという感じ方が普通です。自然のなかで一番優秀なのが人間だという考えです。人間社会に聖人君子としての王を頂点にした階層性があるように、自然も人間を頂点とした階層性があるという自然観です。動物は人間の下、植物はもっと下で、生き物だという感じ方はほとんどありません。

ですから韓国人の自然観は、具体的・実際的な自然のあり方から離れた、きわめて人工的で理念的なものなんです。たとえば日本人は、美術的な作品では左右非対象な歪みやズレを好み、素材のもつ特性を生かした美を好む傾向が強いですね。それは自然の実際的・具体的なあり方に美を感じているからといえます。

それに対して韓国では、理念的なすきまのない整然たる統一的な形が好まれ、素材のもつ特性を排除した人工的に完成された美が好まれます。たとえば、どこまでも完《かん》璧《ぺき》に磨き抜かれたようなツルツルの肌をもつ李朝白磁、これはこの世のものとは思えない、自然のどこを探してもありえない、そういう美として好まれます。韓国で整形美容が異常なほど盛んなのも、一つにはそのためです。

**竹田**　なるほど、そうですか。

## 日本を見直し、日本を探す時代

**竹田**　日本では残念なことに、神仏習合や陰陽道など、明治維新以降に破壊の憂き目に遭って衰退してしまったものがたくさんあります。幕末まで、とても高いところまで積み上げてきたものが、明治維新のところで止まり、一気に西洋的なものへと移行していきました。しかも、これからは貿易をしてお金を貯めて、軍事力を高めて強い国になろうということで、文化とか精神よりは物質主義になっていきました。

それでも、まだまだ日本人の心の底には伝統的な日本精神が息づいていたといえます。しかし戦後は、幕末までの日本的なものが、次から次へとゴミのように捨てられていきました。神話は読んじゃダメ、古典も読んじゃダメということになって、個人主義や拝金主義が奨励されるようになっていったわけです。

仏教にせよ陰陽道にせよ、日本人が積極的に受け入れて工夫してきたものを、ことごとく捨て去ってきた。その捨て去ってきたもののなかには、本当は捨ててはいけないものがたくさん含まれています。そういうところをもう一度見直して、もう一回取り入れていこうというところに来ていると思います。

**呉**　私も数年前から、いまいわれたのと同じようなことを強く感じるようになりました。日本人は行きすぎた個人主義に疲れてきた、西洋的な近代化ばかりの進行に疲れてきた。物質主義、功利主義、現世ご利益主義といったものに限界を感じてきた。いろいろなところでそういうことを感じてきました。端的にいいますと、物質的な豊かさの時代から精神の豊かさの時代に入ったといえるかと思います。

たとえば韓流ブームというのがありますね。日本の中高年女性たちを中心に韓流ブームが起きました。韓国のテレビドラマや映画が中心ですが、最初の頃にはかつての日本の少女マンガで描かれた世界のような、純愛ものに人気が集まっていまして、韓流ブームはそこからはじまっているんです。

何人かのファンの方々に取材したことがありますが、みなさん口々に、日本の古きよき時代を感じさせられる、とてもなつかしい感じがするとおっしゃいます。それで、いまの日本にはなくなってしまった、古きよき日本が韓国に見出せるのではないか、ということで火がつき、さらに広範囲にわたる韓流ブームになっていったんです。

また最近では、これも女性が中心だと思いますが、古いお寺や神社、古い町並みや古民家を巡る旅、あるいはローカル線で巡る小旅行がずいぶん盛んになっていますね。かつてのような買い物を楽しむ旅に代わる、心を癒してくれる旅というものでしょうが、ようするにそれは「日本探し」の旅なんですね。

私は自分の勤める大学の国際学部で茶道部を立ち上げたんですが、入部希望の学生が予想した以上に多いんです。彼らは正座もまともにできず、抹茶を飲んだことすらない者が大部分でしたし、だいたいが普段からの姿勢が悪く、お辞儀もまともにできていないんですね。それが、部活動を重ねていきますと、それは見事なばかりに変わっていくんです。

これからの国際分野で活躍する日本人学生には、それなりの日本文化の素養を身につけていることが不可欠の要件となってきています。そういうことで立ち上げた茶道部でしたが、みんな目を輝かせながら楽しんでいるので驚いています。いまの日本の若者たちにとっても、現在は「古きよき日本探しの時代」ではないかと思います。

## 古きよき日本を取り戻す絶好のチャンス

**竹田**　古きよき日本へ戻りたいという思いが共通してあるんでしょうね。僕が思う戻るべきところは、戦前期をさらに遡った明治維新前夜だと思うんです。明治維新前夜は、日本文明が最頂点をきわめた瞬間でした。平安時代も平和な時代でしたが、江戸時代も平和が長く続いた時代でした。そこで人々は思い思いに好きなことを勉強し、ものづくりをしたい人はものづくりをし、日本人が一番美しく輝いた時代ではなかったかと思います。

ペリーが日本にやってきて、ハリスという外交官が日本に駐在することになりました。ハリスは下田で見た農民たちの姿に大きな衝撃を受けたそうです。彼らの理解では社会の一番底辺にいる人たちが、貧乏で食べ物も足りてなさそうに見えるのに、みんながみんないきいきと暮らしていると、ハリスはその滞在記で書いています。

着ているものはボロだけれど身なりはちゃんとしていて、とても礼儀が正しいと、普通ならば衣食足りてはじめて備えるようなものを、彼らは生まれながらにして備えているように見えるとも書いています。社会の最下層の人たちがこれほどいきいきと幸せに豊かに暮らしている国は、世界で日本しかないだろう、ヨーロッパでも見られないことだと、そういうことを書いているんですね。

当時、パリもロンドンも華やかな街でしたが、それを支える広いスラム街が形成されていました。ヨーロッパでは、人を人と扱わない人間抑圧のうえに貴族たちの華やかな生活があった。ところが、日本の江戸にはスラム街もなければ路上生活者もいない、乞食もいない。しかも江戸は、ロンドンやパリよりも人口の多い百万人以上の人々が住まう町でした。

社会のトップの人たちが贅沢をしているのは当然としても、社会を下から支えている人たちの生活度合いや気質を見れば、その国の本当の姿が見えてきます。「衣食足りて礼節を知る」といわれるのに、日本人は衣食足りずとも礼節だけは守ろうとしている。「武士は食わねど高楊枝」ともいいますが、そういう美しい日本人の姿が江戸時代にはあったんですね。

やがて明治維新が起きます。多くの場合、明治維新はプラス面しかいわれてきませんでした。たしかに明治維新によって、国の基盤を整え、これだけ豊かな社会を作ってきました。しかしその反面で、大切なものを置き去りにしてきてしまった。それは、明治維新前夜まで続いてきた日本人の美しい精神性であり、御霊であるわけです。

日本人はあの時から、そういったものを全部捨て去ってここまで来てしまった。これを取り戻すとしたら、いましかないと思います。平成二十三年の東日本大震災では大切な命が多数失われましたが、大切なことに気付かせてもらったように思います。

**呉**　幕末・明治初期に日本を訪れた西洋人は一様に、日本の自然や田園の風景と人々の生活風俗のうちに、日本の心の美しさを見てとっています。そして、その親和感に満ちた調和的な社会に、強烈な羨望《せんぼう》のまなざしを向けています。日本は世界に類例のない「夢のような国」、そういう印象を綴《つづ》った人たちがたくさんいます。

そうした西洋人の日本滞在記を読んでいますと、彼らはいまの私とまったく同じことを感じたのではないかと思えるんです。現代日本にやって来た私は東洋人ですし、彼らの日本体験とは百数十年も時代を隔てているので不思議に思います。

いまは日本のよいところがなくなってしまったといわれます。日本人自身からすればそうなのかもしれませんが、私には日本はいまなお「夢のような国」の資質を失っていないと感じられます。私に限らず多くの外国人が、本音では同じように感じているはずなんです。

ですから私は、日本人自身がそのことに気づくこと、つまり大切なものを再確認すること、そこが本格的な日本復興へのスタート地点になると思います。

# 第三章

# 海外からの視線、海外への視線

――学ぶべきもの、とんでもないもの

## 海の彼方の常世国への信仰

**竹田**　先にもお話ししましたように、磨製石器や土器はいくら日本が早かったとはいえ、文明的な技術のほとんどは大陸、半島から受け取ってきました。古代から江戸時代までの長い歴史のなかで、半島や大陸から多くのものを学んで取り入れてきましたから、日本人には海外から来るものはすごいものだという意識があったと思うんです。

それで江戸時代は鎖国をしていましたから、ペリー来航はたった四隻の軍艦だったわけですが、それだけで江戸の町が騒然となりました。幕藩体制を崩して新しい国家体制をつくっていかなければいけないと頭でわかっていても、ペリーが来て「大砲をぶっ放すぞ」と脅かされてはじめて、「わかりました」となって、間もなく幕府が倒れて明治維新となったわけです。

先の大戦が終結した後には、連合国が日本を占領統治するようになって、今度はアメリカ的なものにものすごい憧れをもつようになるんですね。日本人がこれほどの経済大国をつくりあげたのは、アメリカに対する憧れの力がすごく強かったことがあると思います。アメリカ人のような大きな車に乗って、家には大きな冷蔵庫があって、アイスクリームを食べたい、ハリウッド映画を見てみたい、そういうアメリカ人の生活への憧れの気持ちがとても強くあったんですね。

さっき呉さんから、海の彼方から来るものは神聖なものだというお話がありましたが、『古事記』にもそういう異界の物語がいくつかあります。その大部分は、常世国《とこよのくに》とか黄泉国《よみのくに》とか、海神《わたつみ》の宮殿とか、そういう異界空間を旅するような物語ですね。日本人には歴史的に、海の彼方にはすごい世界があって、学ぶべきものがたくさんあるという、そういう気持ちがずっとあったと思うんです。そういうことから日本人は、外国人は日本をどう見ているのかに大きな関心があって、外からの見方を一つの指針としていくことに重要な意味を感じてきたと思うんです。

**呉**　そうでしょうね。日本人ほど異文化に興味をもち、深い関心を寄せる人たちはいないと思います。これはたしかに、海の彼方から豊かな恵みがもたらされるんだという古くからの信仰、海の彼方にこの世の豊穣を約束してくれる神様の国があるという信仰がベースにあるんだと思います。

いま、竹田さんもいわれたように、日本人は古くから異境・異界への、とくに常世国への強い憧れをもっていました。常世国は海の彼方に思われた別世界で、この世に豊かな命の稔りをもたらせてくれる、永遠の世と信じられました。常世国は種族の原郷としての妣《はは》の国（氏族の始祖としての母の住まう国）の別名でもありました。

古代の人たちは、海岸に寄せては返す浪を常世国から打ち寄せて来る浪とイメージして、磯辺や浜辺で海水を身体にそそぎかければ新たな生命を得て再生が果たされると信じました。この海水で禊《みそ》ぎをする習俗は、日本各地のさまざまな祭事や神事のなかで、いまなお行われていますね。

川上から流れて来た桃の中から赤ん坊が生まれたという桃太郎説話とか、お椀の船に乗って京の都に流れついたという一寸法師の物語とか、水に流れて来た貴い神の子とも思われる子どもを拾ってきて大切に養い育てると、立派に成人して村の人々に幸せをもたらせてくれたという物語が日本全国にありますね。

これは民間伝承ですが、現実にもまったく同じことを日本人はやって来たわけです。海の彼方からやって来た外国の文物を大切に養い育て、立派なものへと成長させていくという、まさしくそういうことなんですね。

## 日本にしかない「オカミさん文化」

**呉**　貴い神の子を養い育てるという伝承がたくさんあるのは、やはり母性的な日本文化に特有なもので、先にも少し触れましたが、そこには子どもを産み育てるという女の力、女の霊力を尊崇する一種の信仰のようなものがあると思います。日本人が外国の文物を大切に養い育てる、より立派なものに作り替えるというのにも、私にはとても母性的な背景が感じられるんです。

女の霊力というと大げさかもしれませんが、これは日常の身近なところにも普通に感じられるものなんですね。日本の男性たちは奥さんのことを、よくカミさんといいますが、ヤマノカミともいいますから、やはりこれは神に通じている感覚だと思います。日本の男性たちが「うちのヤマノカミがうるさいからね」という時の、そのヤマノカミというニュアンスには「してもいいかどうかお伺いをたてる相手」みたいなものが感じられます。

ヤマノカミの許しを請う、お許しが出て晴れて何事かをすることができる。実際にそうなのかどうかは別にしても、日本ではそういう夫婦の関係イメージがとても大切にされているのはたしかだと思います。

私の見方では、日本の男性はほぼ共通に奥さんを「かかあ天下」として祀り上げるかっこうで家の精神的な主人としているようです。そして男の方は、自分はその「かかあ天下」のもとでの「亭主関白」として、家を実際面で成り立たせるために奮闘しているんだと、そういう役割分担の気持ちをもっていると思います。

こうした日本的な夫婦の関係は、女は自然（神）の側に属していて、男は社会の側に属しているという感じです。さらにいえば、女は自然（神）に感応して「あちら側」からの観点を示し、男はそれを「地上の言葉」に「翻訳」して社会の実際に役立たせるという、そういう古い時代からの巫女と男性神主のような関係にとてもよく似ていると思います。

男と女の根本的な違いは、女は自然に産むことができるのに対して、男は社会的にしか産むことができないことにあるでしょう。日本人に特徴的な女性優位の心理は、この「自然に産むこと」のほうがより価値が高いと感じる精神文化に由来しているだろうと思うんです。そういう背景もあって、日本の典型的な夫婦は「かかあ天下」のもとでの「亭主関白」がよろしいと、そういう形をとり続けてきたのではないかと思います。

韓国では「かかあ天下」なんてあり得ないですね。韓国には「夫は天様」という言葉があるように、夫は「亭主関白」どころか「天様＝神様」なんです。韓国では古くから、女性に対して「どんな夫であろうとも結婚すれば、夫は天様なのだから、文句をいわずに従わなくてはならない」といわれてきました。

最近ではそれが少し崩れて、夫に口ごたえをする女性がどんどん出てきていますので、夫は妻と喧嘩しながらこういうんですよ。「神様のような私に対してなんという口のきき方か」って。少なくとも韓国では、夫は神様だから逆らってはいけないというのが夫婦のあり方であり、それが美徳だとされてきたわけですが、日本では昔から全然そんなことはなかったわけです。なにしろカミさん、ヤマノカミなんですから、妻のほうが神様のような存在で、夫はせいぜい「亭主関白」であって、いくら偉くても人間どまりなんですね。

それでこのカミさんという存在は、日本の社会になくてはならない存在であり、社会的に大活躍をしているんですね。それが、いわゆる「オカミさん文化」です。商店や旅館を実際的に仕切っているのはオカミさんなんですね。大オカミとなるとかなりの年配ですが、日本ではそうした中高年の女性たちが社会の第一線で活躍しています。年配の女性たちが人前に出てお客さん相手の仕事をしている、接客業をしているということが、日本に来たばかりの私には大きなショックでしたね。

**竹田**　ああ、そうでしたか。韓国だったら人前に出るのは若い女の子で、年配の女性は人前には出ないものなんですね。日本とはずいぶん考え方が違いますね。

**呉**　最近はある程度変わってはいますが、その頃はそうでした。それで知り合いの日本人男性に聞いてみたんです。「年寄りのおばさんが表面に出てきたりするようなお店には、本当はあまり入りたくないんじゃないですか」と。すると「いやあ、若い女性よりも安心できて、気持ちも落ち着きますから、そのほうがいいですよ」ということです。より信頼できるということなんですね。

**竹田**　そうですよ、若い子たちよりもずっときちんとしてるなと思いますね。若い子ですと気配りも何もまだまだできていませんから、年季の入ったしっかりした人が全部を仕切っていると安心できますね。

**呉**　韓国では女の価値はせいぜい三十代まで、それも美女に限られるんですね。ですから、四十歳を過ぎたらもう女じゃないんです。女として終わりの存在なんです。最近はまあ五十歳くらいでそういわれるようになっているようですが。ですから韓国では、高級なお店であるほど客の前に、日本のように年配の女性が表立つことは少ないですね。そんなことをすればお店がつぶれてしまいますよ。日本では高級な食堂などでも年配の女性が料理を運んでくるでしょう？　私も最初はとても変な感じがしました。

韓国では人前に出る仕事は若い美女と相場がきまっていて、年取った女が醜い姿を人前にさらすものではない、はしたないことだというのが古くからの通念なんです。でも日本では、若い女性には若いなりの、お年寄りの女性にはお年寄りなりの仕事というものがあるんですね。

**竹田**　はい、たしかにそうです。役割分担があって、京都ですと舞いをしたりする人と、料理をもってくる人とが分かれていますね。

**呉**　年に応じた役割があるんですね。かなり高齢の女性がママさんをやっているスナックが日本にはたくさんありますが、これもオカミさん文化からきているんでしょうね。オカミさん文化というのは、世界で日本にしかないものです。女主人というのは欧米にも他の地域にもいるでしょうが、とくに主人が女であることに意味があるわけではないですね。

しかしオカミさん文化は、女だからこその文化なんです。やはり母性尊重とか女神への憧れとかに由来する女の力、女の霊力への尊崇とか尊重とかいうものがあるんでしょうね。

**竹田**　日本は神様も八百万ですから、それぞれがそれぞれの役割を見出していくんでしょうね。木には木の役割、土には土の役割があって、無駄なものは何もないということです。人間の男も女も、男神も女神も、どちらが主でどちらが従かではなく、それぞれの役割があるということだと思います。

## 外国文化吸収力のすさまじさ

**呉**　自分のことになりますが、日本で活躍するある台湾人とこんな話をしたことがあります。「日本ほど成功した国ともなれば、外国人である韓国人や台湾人の話なんか、とくに聞くほどのこともないと思えるのに、日本各地でさまざまなグループが毎日のように勉強会をしていて、私たちのような者までがどんどん引っ張り出されていくのは、いったいどういうわけなんでしょうね」と。

私もその台湾人も、国際問題についての専門家ではありません。それなのに、韓国や台湾とはとくに関係があるわけでもない人たちの集まりから、話をしてほしいと熱心なお誘いを受けることがずいぶん多いのは驚きです。私の講演タイトルでは「韓国人から見た日本人」といったものがとても多いんです。

なんのために？　と考えると、目に見えて役に立ちそうなことはまるでいえていないとしか思えません。そうであるのに、強い関心をもって熱心に耳を傾けていることがはっきりと伝わってきます。これがじつに不思議でなりませんでした。

**竹田**　たしかに、外国の方が日本をどう見ているかを日本人はとても気にしています。それで外国で流行《はや》っているものへの興味が強いんですね。いまこれがニューヨークで流行っていますとか、パリで流行っていますとかいうと、大勢が列を作って並んだりしています。そのわりには外国で日本のものが人気になっていてもあまり知らないんですね。

**呉**　そうですね。これだけ日本のものが世界で流行っているのにもかかわらず、それを知らないというか、ほとんど関心がないようです。外に出ていくことに対してはあまり関心はなくて、入ってくるものには大きな関心を向ける。そして気に入ると本格的に日本のなかに取り入れていくんです。

たとえば、日本には世界の料理が満ちあふれていますね。とくに東京の街に出るともなれば、どんな国の料理でも本場の味そのままに楽しむことができます。こんな国はどこにもありません。料理に限ったことではないですね。日本ほど世界各国のあらゆる言語にわたっての翻訳書が、あらゆる分野にわたって出版されている国はありません。英語を学ぶよりも日本語を学んだほうが、世界の書物をまんべんなく読めるのではないかと思えるほどです。

外国についての旅行ガイドブックの詳しさにも驚かされます。だいたい、外国の主要都市のバスの時刻表まで出ているガイドブックなんて、世界のどこにあるでしょうか。裏通りにある小さなレストランのメニューから料金まで載っていて、増刷の際にはちゃんと改訂されているんですから驚きです。

海外の文化・情報を吸収することでは、日本は間違いなく、その力でも範囲でも世界一ですよ。外国の学問、思想、宗教、技術、流行、ファッションなど、あらゆる文化・情報について次から次へと取り入れ、翻訳し、理解し、吸収していくエネルギーには、世界のどの国にも見られない迫力があります。

## 作りかえる力、アレンジする力

**呉**　外国の文化を受け入れることでは、日本は世界一積極的です。でもそれは外国の真似をしているということではないか、日本文化は外国の模倣《もほう》文化ではないかという主張が、外国人だけではなく、日本人自らいうことがけっこう多いんですね。ところが実際にはそうではないですね。「師を超える」といいますか、同じをものを完成する力を得ると、それで満足することなく作りかえたり、アレンジしたりして、もっとすごいものを作り出していくわけです。

たとえば、日本古代文化の隆盛ぶりにはすさまじいものがあります。最初の仏教寺院として飛鳥寺（五八八年着工、五九六年完成）が建てられてから七一〇年に平城京へ遷都するまでの約百年余の間に、じつに五百三十もの寺院が造られています。古代朝鮮で最もたくさんの仏教寺院を造ったとされる百済が、百数十年間にわずか五十ほどの寺院を造ったにすぎないのと比べると、これがいかにものすごい勢いだったかということがわかりますね。しかも平城京に遷都してからは、東大寺大仏殿という当時世界最大の建築物を造り、大仏というこれまた世界最大の金銅仏を造っています。

これらの偉業が、ことごとく外来技術と渡来した技術者の栄誉とされてきたわけですが、よく考えてみるとそういう考えはまったくおかしいんです。すべてを外来とみれば、高度な文化も技術ももち合わせのなかった後進国が、技術を導入したとたんに、あっという間に「本家」を圧倒的にしのぐ量の高度な技術をふんだんに用いた建築物を建て並べ、世界一の木造巨大建造物と世界一の巨大金銅仏を造ってみせたということになるわけです。どう考えてもおかしいですよね。

ある知り合いのアメリカ人がこんなことをいっていました。「日本人は我々のように、オリジナルなものをもたないためにそれに縛られない自由さがある、そのため我々の発想では思いも及ばないことを生み出す」とね。いかにももっともらしいんですが、「日本人にはオリジナルなものがない」という言い方で自分たちの誇りを守ろうとしているんですね。

　では本当に日本人はオリジナルなものをもたないかというと、全然そんなことはないわけです。たとえば日本刀がそうですし、浮世絵木版画もそうですし、外国人にはとうてい作れなかったもの、発想すらできなかったものはいくらでもあります。

　日本人の発想が自由なのは、オリジナルなものをもたないからではなく、制度的な価値観やイデオロギーのタガをはめられていないからです。だから、室町時代以降に花開いた焼き物、生け花、茶の湯、庭なども、中国や朝鮮から入ってきたもののそのままのコピーではまったくないわけです。きっかけは外来の文化ですが、やがてはそれを中国や朝鮮ではありえない独自のものへと変化させ、もはや変化とはいえない創造的なものとして作りあげていったんです。

　それに対して韓国人は、外国の文化を、多くは中国文化ですが、制度的な価値観やイデオロギーの枠組みともども、そのままそっくり取り入れます。

**竹田**　忠実にコピーしていくわけですね。日本人はそうではなくどんどんアレンジしていきます。そういうことなんですね。物真似でもいいものを作ればいいんです。最初に作ったほうが偉いというのもおかしなことですよね。

たとえば世界で最初に鉄道を走らせたのがイギリスですが、イギリスでは近年まで超高速鉄道がなかったんですね。特急レベルはありましたが、新幹線のような超高速といわれる鉄道は日本よりだいぶ導入が遅れました。アメリカにはまだ一本もないんですね。日本の新幹線は日本列島の南北を縦断していて、もうすぐ札幌から鹿児島までつながるんですよね。新幹線が一本もないイギリスが、二〇一〇年の暮れに高速鉄道の建設を決定しました。どこに発注したかというと日本の日立です。

日本はイギリスから鉄道技術を学び、今度は最高の鉄道技術をイギリスに輸出することになった。ですから、自動車にせよ鉄道にせよ、弥生時代からの農耕にせよ、全部きっかけはもらいものだとしても、日本はいっそうの磨きをかけて、どんどんレベルの高い、もっと違うものを作りあげていくんですね。

**呉**　一神教文化の人たちには一つの真理への強固な信念があって、そこからバシッとした一本の軸が立てられていきますね。唯一絶対なる神がすべてを創造されたということで、とにかくオリジナルなものの創出ばかりが価値あるものだという、そういう信念のようなものにどこかとらわれているような気がします。

たとえばファックスの原理はアメリカ人が考え出したものですが、これを実用性あるものとして作ったのは日本人ですね。液晶技術でもそうですね。最初の液晶はアメリカのものでしたが、文字はボンヤリとしか見えなくて、とても実用レベルに達しないものでした。

儒教文化もそのへんが一神教文化とよく似ていて、真理は一つで軸は一本、これがブレてはいけないということで、完成されたものが外から入ってきますと、あれこれいじることなく、そのまま完璧に取り入れ、この軸をよりしっかりとしたものにしていこうとします。そういう一本道を行くわけですから、韓国こそオリジナルなものがないんです。いまだに独自の技術が貧困で、多くの技術が中国に追いつかれているのもそのためです。

## 軸は一つの韓国、一つの軸にとらわれない日本

**呉**　欧米、中国、韓国に共通しているのは、一元的な発想が強くて多元性に乏しいということです。しかも、強固な一本の軸にとらわれていますから応用がなかなかきかない。応用技術がかなり貧困です。それに対して日本人の発想はきわめて多元的です。軸がいくつもあるんですね。だから、さまざまな試みを多面的にやってのけることができる。そこから、性格の異なる多様な製品も生まれていく。

日本が応用技術に優れているのは、一つにはとても実際的な現場主義があるからだと思いますが、一つの軸にとらわれることなくいろいろと柔軟な発想をすることができるからだと思います。

日常的にもそうですよ。たとえば二人の女性がいて、「どちらが美人だと思いますか」と日本人男性に聞いてみますと、たいていは「Aさんは Aさんで綺麗だし、Bさんは

Bさんで綺麗だし……甲乙つけがたい」とか、はっきりこちらだとはまずいわないんです。

もちろん、Aさんだといえば Bさんに失礼になるといった気持ちで、そういっている場合もあるわけですが、いろいろと聞いていきますと、自分なりの好みはあるものの、美人とか綺麗とか可愛いとかの評価の軸が明らかに一本ではないんですね。また、美人といってもその基準はとても曖昧で、美人と不美人の間にはっきりとした線が引かれていないと思います。

韓国では基準がはっきりしています。というかはっきりさせます。ですから、女性が二人いればどちらが美人かをはっきりいいます。先にもいいましたように、これはどちらが上でどちらが下かを明確化することで秩序が安定するという、社会的な順列にかかわってくるからなんです。ですから韓国人では、みんなに美人だといわれている人は、自ら「私は美人だ」と平気でいいます。

たとえばコーヒーはこれが美味しいとなると、それ一本ということになって、多くの人がそういうようになると、社会全体が美味しいのはこれ一つとなっていく。そういう傾向がとても強いんです。韓国でも最近は、豆を挽いたコーヒーを飲むようになっていますが、かつてはコーヒーといえばインスタントコーヒーばかり飲んでいたんです。しかもブラックではなく、砂糖とミルクを入れて飲むのが韓国の定番でした。喫茶店でもコーヒーは、最初から砂糖とミルクを入れてもってくるんです。それでも最近は、豆を挽いたコーヒーをブラックで飲む人も増えてはきたんです。

ところがある企業が、インスタントコーヒーと砂糖とミルクが一つのパックになっているものを売り出したところ、それが爆発的に売れたんですね。他にもいろいろありますが、これがいいとなるとそれ一本になっていく。その背景には一つの真理、一つの価値観に依拠していこうとする韓国人に特有な心理があるわけです。これが正しいとなると、これこそが唯一絶対に正しいとなっていくんです。

**竹田**　ああそうですか、日本とはだいぶ違いますね。日本はそうではなく、どんどん広がって多様化していきますよね。韓国ではこれがいい、これが正しいとなると、それだけになっちゃうわけですか。

**呉**　歴史認識の問題がその典型ですね。韓国では歴史認識は一つしかないんです。私は日本に来るまで、歴史にはさまざまな観点があり得るとは思ってもいませんでした。歴史には一つの見方しかないと思っていました。こういうと、お前はいったい何を勉強してきたのかといわれそうですが、実際日本に来るまではそうだったんです。

だからといって、私は韓国人のなかで例外的な存在だったわけではありません。一般の韓国人ならば大半がそう思っていて、私も歴史には一つの見方しかないと思っていたんです。それは明らかに、韓国の学校で歴史教育を受けてきたから、という以外にどんな理由もないと思えます。

韓国の歴史教科書は、日本の歴史教科書とはその記述方法がまったく異なっています。たとえば「我が民族は日帝に過酷な犠牲を強要され、経済的にも激しい収奪をされてきた」と中学・高校の歴史教科書に書かれています。これが韓国では唯一の歴史認識であり、日本統治時代については何から何まで、一貫してこの観点から書かれているんです。

総督府が行った近代的な土地調査事業も収奪のためだと、鉄道を敷いたのも日本人たちの利益のためだと、産業の近代化や市場経済の推進も日本人たちが儲《もう》けるためだと、そういう書き方しかしていません。すべてが過酷な収奪ばかりの暴力的な支配だった、それに我々は勇敢に戦ってきたと、そういう一本記述なんです。

ですから、日本の歴史学者と韓国の歴史学者が集って、何度も歴史の共同研究の会合がもたれてきましたが、まったく進展がありません。なぜかというと、韓国の歴史認識が正しいものなのだから、そこから外れていれば日本の方が直さなければならない、あなた方の歴史認識が間違っているんだと、そこから一歩も退かないからです。

日本人側は、さまざまな観点があり得るのだから、各論を併記するなどして進めたらどうかといっても、まず我々の提示した歴史認識を正しいと認めた上で議論を進めるべきだとなってしまい、いつも暗礁に乗り上げてしまっています。

**竹田**　なるほどね。

## 式年遷宮に見る伝統技術の継承

**竹田**　先ほどの話のように、日本はいろいろなものをどんどんアレンジしていって、元と違う価値のものを作りあげてしまうという面がありますね。でもそれと同時に、少しもアレンジしてはいけないとして忠実に守っていこうとする面もあります。たとえば伊勢の神宮の式年遷宮がまさしくそうですね。二十年毎にお建て替えをして、ここは少し工夫して変えてみようということは一切なくて、ひたすらまったく同じものを建てるのが式年遷宮です。

式年遷宮は百二十五のお宮を全部建て替えるわけですが、それとは別に千八百点の御装束神宝《おんしょうぞくしんぽう》を、すべて以前とそっくり同じに新しく作り直すんです。御装束神宝には、たとえば神様の枕であるとか靴下であるとか布団であるとか、そういった絹織物をはじめ、剣や盾などさまざまなものがあります。これらの模様や柄も、デザイナーやアーティストが新しい柄にアレンジすることは一切なく、ひたすら千八百年前の物を寸分たがわず同じ材料を使って作り続けるわけです。そうやって伝統の技術が継承されているんですね。

日本人はそういう基礎的な技術を継承していきながらも、新しいものづくりにも大きな興味をもって取り組んでいく。そういう具合に両方走らせているんですね。

**呉**　伝統を維持しつつ革新をとげていくんですね。

先にも少しいいましたが、出雲大社で神殿の屋根を拝見させていただいて、とても感動しました。屋根を葺《ふ》いている檜の皮を取り替えるんですが、一枚の檜の皮は長さが一メートルになるかならないかで、幅は十センチくらいのものですが、とても薄いんですね。この薄いものを一枚ずつ、巨大な神殿の屋根に丹念に敷いていくんです。そうやって一列敷き詰めますと、その次には二列目を一列目に〇・五センチ重ねて敷いていくんです。

こうして全体に敷き詰め、さらにその上から順次積み重ねていくと、高さは九十センチくらいになるそうです。総枚数は六十四万枚だそうですが、それはもう気が遠くなりそうな正確さを要求されるじつに細かい仕事なんですね。たくさんの職人さんが〇・五センチの幅を正確に計りながら、一枚また一枚と根気よく敷いていくんです。この一列一列を、曲がることなく真っ直ぐに敷いていくというのは、大変な熟練技術だと思いました。厚さが九十センチになるまでには、大変な時間がかかるでしょうね。

私は案内してくださった神官に、ちょっとこんなふうなことをいってみたんです。「いまの時代ですから、全部機械で作ってそれを屋根の上にクレーンかなんかで乗せればいいんじゃないですか」と。失礼を承知でそう聞いたところ、「技術的にはいくらでも可能ですが、それをしないところに意味があるんです。こうした技術を伝承していくことが大切なことで、これによって日本人の精神性を保つことができます」と、そういう意味のことをおっしゃっていました。式年遷宮と同じ精神がここにもあるんですね。

**竹田**　神様の仕事をさせてもらえるということを、職人さんたちはものすごく誇りに思っていますね。神宮の式年遷宮も、お屋根の葺き替えも、それにかかわれるということがその人にとっての誇りなんです。自分が技術を習得するだけではなくて、若い世代にその技術を伝えていくのも誇りで、みなさんいきいきと仕事をしているようです。

**呉**　職人さんたちが神様の仕事をすることに格別な誇りをもつのは当然としても、そもそもが仕事そのものに誇りをもっているんですね。出雲大社では今回の修復で神殿の天井などを取り外した際に、新しいので六十年ほど前、さらにはもっと以前の職人さんたちが板に自分の名前や神様を想像しての絵を書いたりした落書きが、たくさん発見されたんです。名を残したいという、自分の痕跡を記しておきたいという気持ちが強く伝わってきました。

それは出雲大社に限ったことではなく、同じことは古い建築物ではよく見られることですね。でも朝鮮半島の職人さんは名を残したいとは思いませんでした。作品に銘を刻むこともなく、日本のように名工として後世にまで名が伝わることもありませんでした。ものづくりの技術者は尊重されないどころか卑しまれましたから、とても誇りをもつことなどできなかったんです。

**竹田**　神様に対して差し上げるものは一番よいものでなくてはいけません。ですから手抜きは一切できないんですね。神宮の式年遷宮で作られるたくさんの御装束神宝は、その時代の最高の技術者、人間国宝並みの高い技術をもった人が選ばれて作られるものです。

神宮では、毎朝神様にお食事を差し上げます。この日常的なお食事にも間違いのないものを出さなくてはいけませんので、神宮ではお米を外から買わずに自前で育てたものを使うんです。神主さんが自分で種籾《たねもみ》をまいて育て、自分たちで脱穀して作ったお米を使います。これならば自信をもって神様にお供えできるわけです。お米だけではなく、お塩も一年に一度、五十鈴川が海に交わるところの水を汲み上げ、これを浜で蒸発させて煮詰めて焼き固めた御塩《みしお》を使っています。お酒も神主が育てたお米を神社の中で醸《かも》して作ります。野菜も全部自前で作っています。こうして間違いのないものを、神様に差し上げるんですね。

**呉**　神仏への日常的な奉仕に必要な物事は、すべて寺社自身でまかなってきたんですね。ですから、神仏への奉仕にはたくさんの職人さんが専属でかかわっていました。そうした職人さんたちは神仏にお仕えしているということで人々からとくに尊重され、職人さんたちは大きな誇りをもつことができた。

こうした寺社のあり方は、技術の伝統維持と発展に大きな役割を果たしてきたと思います。古くは寺社は国家によって手厚く保護されていたわけですが、そういう保護がなくなっていっても、地域の人々が支えてきた。式年遷宮に必要な費用も、みな地域の人々が負担してきたそうですね。

**竹田**　神様に差し上げる物と同じように、天皇陛下に差し上げる物についても、やはりよい物が選ばれます。各都道府県の産物が知事を通じて陛下の御前に上げられてきました。陛下に差し上げる作物に選ばれると、それを作っている人には大きな喜びとなります。自分たちが作った作物が陛下のところに届けられたとなると、子々孫々への言い伝えになるわけです。それで、それを夢みて、日々品種改良に励んでいる農家もあるんですね。

農作物だけではなく、車にしろ、鉄道にしろ、ただ買ってもらえばいいというのではなく、宮中に上がるというその緊張感のなかで、完成度の高い仕事をする人たちがいます。そういう神や天皇の御存在が、日本人の精神基盤もしくは技術の根底の部分を押し上げているような気がします。

## 伝統技術者には自然生命の声を聞く能力がある

**呉**　近代の科学技術では、人間が主体として客観的な対象としての自然に働きかけていくことになります。ところが伝統技術では、それが反対になっていると思えるんです。職人さんたちの仕事ぶりを見ていると、自然の側からの働きかけを受けて腕をふるっていると、そんな感じがするんです。

たとえば日本には「木のお医者さん」と呼ばれる人たちがいまもいますでしょう。その人たちは、木肌に手や耳を当ててその木の成長の様子や病気があるかないか、健康状態はどうかなどを判断して、薬草を塗ったりして適切な処置をほどこします。また、伝統的な木樵《きこり》は、木々の立ち並びをぱあっと眺めて、どの木を伐ったらいいか、どの木を伐ったらいけないかを判断したといいますね。その判断が適切だからこそ、ずっと後にその一帯が立派な森として再生するわけです。そこでは一本の樹木は全体としての森のなかで生きている、自然はそのまま生きものだと考えられていると思います。

伝統的な職人技術についても、それと同じことがいえると思うんです。鍛冶師《かじし》は鉄は生きものだと、陶工は土は生きものだと、塗師《ぬし》は漆は生きものだといいます。職人さんたちを取材して回ったことがあるんですが、伝統技術にたずさわる職人さんたちはみなそういうふうにいうんです。

伝統技術の専門家といえる職人さんたちは、きっと「自然生命の声を聞く能力」をもっているんだと思うんです。そういうと神秘的だといわれるかもしれませんが、日本語の表現には「木々がささやいている」とか「風が呼んでいる」とか、自然をまるで人間と同じようにみなす表現がとても多いですね。

こうした表現は擬人法といわれますが、そういう気持ちでいっているんじゃないと思います。自然を人間に擬していっているんじゃなくて、とくに意識することなく自然を人間である自分と同じように感じているんだと思います。

『古事記』にはたくさんの神話が載せられていますが、そこには「草や木が話をする時代」があったということが書かれています。そうしますと、現代人のように自然を擬人化して表現するよりもずっと前に、自然と人間を同じものとみなした時代があったはずですね。とすると、伝統的な職人技術には、『古事記』が神話として語る世界のように、人間が自然と融けあって生きていた時代の精神のあり方が保存されているんだと、そうではないかと思うんです。

近代的な技術では、自分を自然から切り離して主体とし、主体の側の都合によって客体としての自然から有益なものを切り出していきます。近代的な技術はそういう傾向を強くもった技術です。近代的な工業技術の進展は、物質的な豊かさを大きく広げてくれました。でも同時に、精神的な堕落を招き、環境汚染などの公害を生み出し、伝統的な精神文化と自然生命の存続をともに危機状態に陥れてもいますね。それは、「自然生命の声を聞く能力」なんて非科学的な神秘主義だとして排除し、人間の側の都合と判断だけで自然を工業的な加工の対象としてきた結果ではなかったでしょうか。

これからの技術のあり方、未来の技術のあり方を考えますと、伝統的な職人技術が保存し続けてきた「自然生命の声を聞く能力」は、徹底的に再検討すべき重要な課題となってくるのではないでしょうか。伝統的な職人技術は、一人一人の職人さんたちの身体に埋め込まれていまなお生きています。そこには、未来技術のあり方を考えていくための大きな手がかりがあると思います。

日本は伝統技術の宝庫であると同時に、最先端のハイテク技術の宝庫でもありますね。そして日本のハイテク技術は、いろいろな形で伝統的な職人技術を組み込んできたといえます。この二つの技術は、今後いっそう関係を深めていこうとしていると思うんです。

## 技術が生み出す子ども、一生が修業の伝統技術者

**呉**　女が自然に産む能力は男にはないものですね。男がそれに対抗して身につけていったのが、技術を用いて生むことだったと思うんです。もちろん、技術は男だけのものではありませんが、最初はやはり、自然に産むことのできない男たちが技術によって生む方向を開いたと思います。それで男も「自ら生み出す」ことの喜びを手にするようになったと、そんな考えをもつんですが。

**竹田**　たしかに、自分の作ったものを自分の子どものように感じる気持ちがありますね。

山田錦というお米がありまして、これは日本酒を作るための品種なんです。通常の

コシヒカリの十倍くらいの値段が付きます。ものすごい高いんですね。その山田錦を作っている地域のリーダーから面白い話を聞きました。自分たちが育てたお米を酒蔵に納める時は、本当に自分の娘を嫁にやるような心境で「頼むからいいお酒になってくれ」と願いを込めるそうです。

嫁いだ先で可愛がってもらっていいお酒にしてもらいなさいと、本当に娘を嫁にやるような心境で「うちの米をよろしくお願いします、ぜひこいつの可能性を最大限に高めてやってください」と、そんな会話を交わすんだそうです。

**呉**　米を娘みたいに思う心はやはり擬人化の心ですね。自分の作った米は娘と同じだという、米にも等しく魂が宿っているという心です。

先の話の続きですが、技術というものには「もうこれでいい」という限りがなく、どこまでも高めていこうとするところが、自然に産む能力と大きく違っていますね。職人の世界というものをよく知らなかった頃は、伝統技術というのは師匠について修業することで身につくものだから、一定の高度な技術を習得したところで、修業の段階が終わるんだろうと、そんなふうに考えていました。ところが、私がお話をうかがった職人さん全員が、口を揃えて「一生が修業です」というんですね。

少なくとも人に師匠といわれるような人は、とっくに修業の段階を終えているはずなのに、なぜ一生が修業だというのか、とても不思議に思いました。もちろん一人前になってからも技術の錬磨はあるでしょう。でも弟子時代からの修業の連続のように一生が修業だというのがよくわかりませんでした。謙遜《けんそん》してそういうのかとも思いましたが、どうもそうじゃないんです。心からそう思っているようなんですね。無限の道を極めていこうとしているんでしょうね。

日本人はよく「死ぬまで勉強だ」といういい方をしますね。私は七十歳から九十歳くらいまでのご高齢の方々が参加する勉強会から、何度も講演依頼を受けたことがあります。日本ではどうも、この世の切実な課題への関心はお年寄りほど高いのではとすら思わせられるんですね。

仕事なのか趣味なのかわからないほど、仕事をすることじたいを楽しんでいる方たちがたくさんいらっしゃいます。それで、結果よりもプロセスが楽しいといわれる方が大部分です。そこにあるのは、どこまで行っても終わりのない探検の喜びといえばいいように思います。

## 幕末に来日した西洋人は日本人の何に驚いたのか

**竹田**　幕末・明治に日本を訪れた西洋人の多くが、不思議なほど日本を賛美していますね。たぶん彼らは、日本と西洋のどちらが優れているか優れていないか、といった直線的な見方ではなく、自分たちとはまったく別の世界を見て衝撃を受けたんじゃないかと思うんです。

その当時の西洋は、産業革命も終盤にさしかかっていた時代です。工業化が大きく進んで、黒船をさしむけられるくらいの産業力をもっていました。彼らは中国や、南方の島々、もしくはイスラム諸国でやってきたように「大砲ぶっ放すぞ」と脅かせば、みんな「ははぁ」と従って植民地化できると思っていたことでしょう。

日本が文明の程度の低い国なら、そのようになっていたかもしれません。どうも様子が違うと感じることになった。農民や漁民など、西洋人が社会の底辺と思っていた人たちは、物質的にはそれほど豊かではないにせよ、みんないきいきと楽しそうに暮らしている。彼らはそういう姿を見て大きな衝撃を受けたんですね。

大砲を見てびっくりするはずなのに、日本人は早速こちらの船に乗り込んできてあちこちの寸法を計ったり、なんやかやとメモを取りはじめた。西洋人はこれにびっくりして「こいつらもしかするとこれと同じ船を造ろうとしているな」と感じた。それで日本人は翌年に、本当に日本製の黒船を造ってしまったわけです。

彼らは日本から、経済力、軍事力、産業力では推し量れない、西洋とは違う価値観を受け取った気がします。日本人は日本人で、産業の力というのはすごいものだということを学びました。お互いに未知との遭遇を果たしたようなものですね。

それ以降、呉さんも本に書いていらっしゃいましたが、日本の浮世絵などの美術品がどんどん西洋に入っていったわけです。自分たちとは美的感覚というか、美しさの価値観が異なっていて、その違うところに彼らは強く惹かれていったんですね。日本の美的感覚が、西洋の美術や自然観に与えた影響にはかなり大きいものがありました。日本ルノワールなど印象派の画家たちは、日本の曖昧にぼかしたような作品をはじめて見て、なんて美しいのかと思ったわけです。くっきりはっきり描くのがいいと思っていたのが、日本の文化に触れて違う発想が生じていった。

その意味では、いまの西洋人は当時の日本の美しい姿を記憶に留めているわけですが、当の日本人はそういう日本の姿をほとんど忘れてしまっているように思います。当時の西洋人が日本に来てどういう驚きと発見をしたかということを、現代日本人がきちんと知っておくことは、日本人自身が日本人の美しさを知る一つのきっかけになるんじゃないかなと思いました。

**呉**　本当にそうですね。前にも少しいいましたが、私は根本的なところでは幕末・明治初期の日本人といまの日本人に大きな変わりはないと思っています。穏やか、開けっぴろげ、快活、くったくがない、明るくいきいきとしているといった開放的な性格、自然に対する感受性の強さ、正直さ、律儀さ、下層の人たちにまで見られる美的な関心の深さ、女性の自由さなど、かつての西洋人が賛美したところは、いまでも日本人に特徴的に見られるものだと思います。

ただ、それが表からはとても見えにくいものになっているのはたしかだと思います。失われてはいないけれど、現代病というか、一種の病気にかかっている部分があるとはいえるかもしれません。

## 日本ほど安全な国はない

**呉**　当時の西洋人が感心したことの一つに、泥棒がいないとか、家に鍵をかけないとか、総じて治安がよいというのがあります。私は小さい頃、戦前に日本で生活したことのある母から、日本の家には大門がないから誰でもなかに入れてしまう、たいていの家には塀はなくて木が植えられているだけ、戸はいつも開けっ放しで、出かけるにも戸締まりをしない、あちこちの庭に柿の木があるけれど実を盗る者は一人もいない、物がなくなったという話は聞いたこともない、日本には泥棒がいないなど、日本はいかに安全な国なのかとしきりに聞かされていました。そこまではいかないにしても、日本に来て本当に治安がよいことに感心しました。

明治十五～二十年頃の日本に滞在したアメリカの女性紀行作家エリザ・シドモアも、その日本紀行のなかで「不安になったり、物が紛失したりしたことはありません。どの部屋の襖にも鍵をかける設備はなく、どんな盗賊に対しても雨戸を頑丈に作ることはしませんし、またそんな防犯の必要性も感じません。これは国民性を考える上で大きな参考となります」(『シドモア日本紀行』講談社学術文庫)と書いています。江戸時代ではなおさらで、一八五九～六二年に日本を訪れたイギリス初代公使ラザフォード・オールコックも、家々はみな開けっ放しでなかが丸見えだと書いています。

これだけ開放的な生活が営まれていたということは、近隣の人々の間にどれだけ親和な信頼関係があったかを物語っていると思います。また、心から安心できる生活があり、安全で平和な社会が形づくられていたことを物語っていると思います。

私は以前に新宿の歌舞伎町に長年住んでおりましたけれど、歌舞伎町は日本ではけっこう怖い所だといわれますね。でも韓国ソウルで暮らした体験からして、こんな安全なところはないと感じていました。だいたい、夜でも女一人で歩けますからね。歌舞伎町の街を歩く女性たちの姿を見ていると、バッグを肩にかけて、しかもチャックを開けっ放しにして、後ろにぶら下げたままで歩いているんですね。都内で電車に乗ってもそうです。同じそのまんまのかっこうで寝ているんです。無防備この上ないんですが、こんな都市はアジアの都市にも、欧米の都市にもありませんよ。

**竹田**　外国では、電車で寝るなら全部もっていかれる覚悟をしなくちゃいけないわけですが、日本では平気で電車のなかで寝ることができますね。

**呉**　韓国でもそうですが、アジアの国々へ行くといつも緊張していなければならないですね。ヨーロッパの街でもそうです。イタリアでもフランスでもロンドンでも、いつもバッグをしっかり前に抱えるようにして歩かないといけません。あれだけ美しい街並を歩くのに、一番もったいないなと思うのは、緊張しながら歩かなければならない、ということです。置き引き、ひったくり、スリとなんでもありで、日本では考えつかないようなやり方で盗んでいくんですね。

ある時、新宿の電話ボックスのなかに財布を忘れてしまって、何時間か経って行ってみたら、なんとそのままあったんです。信じられませんでした。

**竹田**　他の国だったら財布、カメラの類は三秒でなくなりますよ。

**呉**　世界の犯罪統計を見ても、日本は殺人・強盗・強姦の三大凶悪犯罪の発生率は、いずれについても世界最低レベルです。先進諸国だけで見ても最低なんですね。詐欺事件の発生率もやはり最低レベルです。江戸時代とは比べものにならないとはいっても、世界的に見て日本はやはり最も安全、治安のよい国なんです。

## 日本は恥の文化とはいえない

**呉**　日本人は外国人からどう見られているかに強い関心を向けますが、日本人ほど世界各国の人々からさまざまに論じられ、研究されてきた国民もまたないと思います。すごい数の日本人論があります。それだけ、外国人にとっては日本人が興味深い対象だといえるでしょうね。

なぜそうなのかと考えますと、やはり日本人が他の諸国の人たちとはずいぶん異なる面をもっているからだと思います。外国人の日本論には、日本人はとても特異、ユニークな存在だ、その特異性はこう説明できると、そういう感じのものが多いのもそのためでしょうね。

たとえば著名なアメリカの人類学者ルース・ベネディクトは、日本で名著と高く評価されている『菊と刀』（一九四六年）のなかで、日本人には西洋人のような行為の絶対基準がないと書いています。韓国人にも西洋人のものとは性質が違うと思いますが、やはり絶対基準というものがあるんですね。日本人にはそれがないと私も感じていましたので、とても興味深く思いました。

それでは日本人の行為の基準というのはどんなものかといいますと、ベネディクトによれば、それは自分のおかれた状況に応じて使い分けられていて、状況の変化に応じて絶えず変えられているものだというんですね。そんな具合にどんどん変わるので、同じ人物の行為が一貫しないで矛盾しているように見えてしまう。でもそれは、行為の基準が柔軟に設定されているためであり、けっして行為の基準をもたないためではないといっています。これはすごいなと思いました。

彼女は一回も日本に来たことがないそうですね。それにしては見事だと思いました。ただ彼女は、日本人はなぜその場その場で変化するのかということを、日本には周囲の目を気にする「恥の文化」というものがあって、それがそうさせているというんですが、そこは違うんじゃないかと思うんです。

ベネディクトがいう日本の「恥の文化」とはこういうことです。何をすることが善で何をすることが悪かは、世間から善だと認められ、また悪だと制裁を受けることによって決まる。それで世間から悪だとされることをするのを恥じる「恥の文化」が日本にはあるんだと、そういうことなんですね。それに対して西洋は「罪の文化」なんだと、そこでは何をすることが善で何をすることが悪かは、内面の心に宿る罪の自覚によって決まるんだというんです。

だから、西洋の社会では行為の絶対基準を説いて人々の罪の自覚に訴えていく。それによって良心が啓発される。それに対して日本の社会では、そんなことをしたら世間の笑い物になるという外からの圧力によって善行が導き出される。そういう理解なんです。

でも、果たしてそうでしょうか。西洋人の罪の意識こそ、外側からの罰という強制力によって生み出されるものなんじゃないですか。恥の意識というなら、それは内面で我が身を恥じる意識なんじゃないですか。そんなふうに正反対にいうこともできると思うんです。そういうことは、日本人の論者によってずいぶん以前から指摘されていたんですね。

ベネディクトがいっていることは、「恥の文化」についていう限りでは、結局のところ、日本人は主体性がない、自己がない、まるで風見鶏みたいだといった俗説とそんなに変わりはないんです。日本的な自己というものが、彼女にはやはり見えていないんだと思います。

日本的な自己は、ベネディクトがいうような共同社会の外圧に従ってそのつど決定される自己ではないですよ。日本人は環境の変化に応じて自己を限定するんです。そうやってそのつど自己を作っていくんです。燃え盛る火に応じてはそれと向き合うにふさわしい自己となり、静かな清流に応じてはそれと向き合うにふさわしい自己となる。それが日本人だと思います。

## 日本人はいかに美しく生きるかを目指す

**呉**　もし日本が「恥の文化」だとしたら、人の見ていない所では悪いことしても平気だという人がたくさんいるはずですよね。とすれば犯罪発生率は欧米並みに高くなるはずです。でもそうはなっていない。人が見ていようがいまいが、日本人は見えない視線を、神様の視線を感じているんですね。だからものづくりでも、人目に触れない隅々まできれいに仕上げないと気が済まないことにもなるわけです。

「恥の文化」というなら、韓国はまさしくそうですよ。儒教は徹底した世俗主義ですから、理念的な道徳律があるから悪いことをしないんじゃないんです。世俗社会の表舞台では常に自分は善だという形を示していなくてはならない、面子を保てないことは恥だと、そういうことなんです。ですから、ベネディクトは、朝鮮半島とか中国のことをいっているんじゃないかという感じを受けました。

**竹田**　見知らぬ土地では悪いことをしてしまうとか。

**呉**　まったくそうです。自分の国では恥ずかしいけれど、外国でなら恥ずかしさを感じなくて済むという、中東人やアジア人にはそういう感覚の人が少なくないと感じます。身内では恥ずかしいことはできないけれど、外ではできるみたいな気持ちが韓国人にもあります。知り合いの韓国人の男子留学生は、食堂で皿洗いのアルバイトをしているのを私に知られて、とても恥ずかしがっていました。韓国では大学生たる者がそんな安っぽい仕事はしないものだと、そういう世間の目があるからなんですね。でも、韓国人の目に触れない日本でならできるわけです。

恥ずかしさということでいえば、日本人なら美意識の問題となるかと思います。自分自身に対してみっともないことはできない、自分に対して恥ずかしいことはできない。そういう生き方を美しいと感じる美意識があると思うんですね。人が見ているかいないかは二の次です。

**竹田**　生きることでの美しさということですね。そのくらいだったら死んだほうがましだという、命を差し出してしまうほど美しさを重視するということですよね。自分の美意識に反することはしたくない。切腹というのもそう理解しないとわからないです。

**呉**　そうです。唯一絶対の神様が怖いからということとはまるで違いますね。いかに正しく生きるかというより、いかに美しく生きるかが日本人の目指すところだと思います。いまの若者たちはどうかと思って、教室でいろいろと実験してみるんです。留学生もたくさんいるんですが、「あなたは悪い人だといわれる時と、みっともないね、カッコ悪い人だねといわれる時と、どちらが嫌なの？」と聞きますと、日本の学生たちはみんな、悪い人といわれるより、カッコ悪い人といわれるほうがずっと嫌だというんですね。

外国人はどうなのかと中国人、韓国人、他のアジア人たちに聞くと、「それは悪い人といわれたくないです」といいます。それで「あなたはとても善い人ですね」というのが誉め言葉で、自分はそういわれたいというんです。

**竹田**　善悪で考えちゃうんですね。でもカッコいいほうがいいですよ（笑）。あなたは善い人だなんて、あまりいわれたくないですから。

**呉**　あなたは善い人だとはいわれたくない？

**竹田**　善い人というと、あまり価値がなさそうじゃないですか。あなた善い人ねっていわれると、何の取り柄もないといわれてるみたいで、あなたは毒にも薬にもならないといわれてるような気がしちゃいますよ（笑）。善い人ねというと、お人好しだという感じかな。「あなたはお人好しよね」って、これは誉めているんじゃないですよね。あの人はお人好しだからっていうのは、どちらかというとけなしている（笑）。人が善いというのは、日本では人を誉める言葉としてはふさわしくないですね。

# 第四章

# 世界が注目する日本のカッコよさ

――クール・ジャパンの先にあるもの

## マンガやアニメの世界的な人気の秘密

**竹田**　近年では日本のいろいろなものが外国人からカッコいいといわれるようになっていて、日本に対する親近感もずいぶん増してきているように思います。若い世代はとくにマンガやアニメ、和製ポップスなんかを通して日本とのつながりを感じているでしょう。子どもに与える影響では、とくにマンガやアニメには大きなものがありますね。

僕が懇意にしているコミック担当の編集者から聞いたんですが、日本のマンガにはある絶対的な条件があるそうなんです。たとえば雑誌で連載をするとか、単行本で売り出すとかの時に、これだけは外してはいけないという条件があるというんです。それは何かというと「正義」なんですね。

そこには、正しい生き方とか、美しい生き方とか、模範になるような生き方がなくてはならない。「ああ、こういう生き方はカッコいいな」とか「誇りをもてるな」とか、そう感じられる話が必ず入っていなくてはならない。だから悪いことをした人がいい思いをするような話はやらないんだといっていました。

日本の社会で美しいとされる人間の生き方がマンガで表現されていって、そういう価値観が世界に広がっていっているんですね。日本的な美の意識がマンガ、コミック、アニメを通じて、世界の子どもたちに影響を与えているわけです。子どもの時分に受ける影響はとても大きなものですから、これはすごいことだなと思います。

**呉**　韓国の四十代以下の人たちは、基本的に日本のマンガ、アニメで育った世代なんです。彼らが子どもだった時代の韓国では、著作権を無視して日本のマンガをどんどん韓国語に翻訳しては、日本製であることを隠して出版していました。ですから、彼らは日本のマンガやアニメをずっと韓国製だとばかり信じて読んできたんです。

それが韓国製ではなく日本製だと知らされたのは、彼らが大人になってからなんですね。『冬のソナタ』の脚本を書いた二人の女性もそういう世代で、それは大きな影響を受けてきたと語っています。彼女たちの作品が日本でウケたのも、当然といえば当然なんですね。

アメリカのアニメやマンガ映画に詳しいジャーナリストから聞いた話ですが、ハリウッドでは日本のアニメに大きな脅威を感じているというんです。ハリウッドは世界最先端をいく映画文化の発信地ですよね、それがなぜ日本のアニメに脅威を感じているかというと、ハリウッドではどうしても発想できないものがあるからだそうです。

ハリウッド映画はほとんど世界を席巻するほどの影響力をもってきたわけですが、そのハリウッドの映像専門家たちが、日本のアニメが生み出す不思議なロマンに満ちた世界は、自分たちにはとうてい思いつけないものだし、あの繊細で迫力ある描写力はなぜここまでできるのかと驚くしかない、日本のアニメの質の高さにはちょっとついていけないと、かなりの脅威を感じているということなんですね。

**竹田**　そうですか。それほど日本のアニメが世界で注目されているのは、一つには世界的に多様化が進む時代になったということがあるんでしょうね。とくに消費社会が進んだ国ではみな流行っていますから。世界的な多様化の進行によって、自由な発想やさまざまな面にわたる繊細さを特徴とする日本のマンガやアニメが、世界の人々にウケるようになってきたんだと思います。

## 精神の豊かさを求める時代

**呉**　それではなぜ日本人にはそれほど自由で繊細な技術があるんでしょうか。一つのいい方では偶像崇拝となるんでしょうが、やはり日本人にアニミズム的なものがあるからでしょうね。アニミズムといっても、日本に特有な柔らかなアニミズム、私はソフトアニミズムといっていますが、自然と人間を区別しない伝統的な精神性ですね。

日本人のものづくりでは命のないものに命を吹き込むわけですが、アニメやマンガでも作られた世界に命を吹き込む、魂を吹き込むわけです。日本人だからこそできることですね。そういう日本人的なものが、世界にウケる時代に入っている。マンガ、アニメの人気ぶりを見ても、そういうことがいえると思います。

日本人気を押し上げているのは、一つには世界的な健康ブームと環境ブームでしょう。健康ブームでは、何よりも日本の食がヘルシーだということで人気があるわけですが、油っぽくなくてダイエットにもいいといったことでもすごくウケていますね。にぎり寿司なんかはもう完全に世界食の位置を占めています。生魚を食べなかった文化地域にまで広がっていて、寿司屋のない都市は世界のどこにもないほどの普及ぶりです。ギリシャに行った時に寿司屋さんを見つけて入ったら、韓国人がやっている店でしたけれど、ロサンジェルスではアメリカ人が握る寿司屋に入ったこともあります。外国人寿司屋も当たり前みたいになってきています。

環境ブームでは、日本の文化は自然との一体化というモチーフがある、自然を取り入れた文化だということに注目が集まっていると思います。茶道でも華道でも和式庭園でもそうですが、自然と融合していく境地を楽しみとしていく文化が日本にはたくさんあります。そういう日本文化が、環境ブームの流れのなかで、しだいに注目されるようになってきていると思います。

もう一つは、精神の疲れが進む時代に入ったといえると思います。欧米・日本のような第三次産業就業者が六割から七割を占める国の社会では、肉体よりも頭をたくさん使うわけです。この頭をたくさん使うということでは、情報産業はその最たるものですね。

そこで問題となるのは、肉体的な疲労は自覚できるけれど、精神的な疲労というのはなかなか自覚できないということなんですね。あまり疲れを感じることなくどこまでも働いてしまいますから、自分ではそれと気づかないうちに、頭脳のほうはくたくたに疲れているわけです。

また頭脳労働で問題となるのは「具体的な物との接触感覚」をもてないことです。頭脳労働ばかりの毎日が過度に続きますと、具体的な物や自然に直接触れている「手触り」の実感がどんどん希薄になっていきます。そうすると、現実感覚がだんだん弱くなってしまいますね。これが高じれば、誰でも頭がおかしくなってもくるわけです。

そういう情報社会病のようなことに加えて、弱肉強食の過当競争社会に疲れた、新しい物が次々にあふれていく社会に疲れた、価値が激しく上下する金融経済に疲れた、ようするに文化なき経済、精神なき経済ばかりが発展する社会、そういう内面を圧迫する経済社会に疲れ果てたということがあると思います。

そういう時代に入ってきて、日本の文化が一気に注目されるようになってきたんですね。多くの人たちが、そこに精神を豊かにしてくれるものを発見しているんだと思います。それが日本風といわれているものです。たとえば外国人の間でも人気が高まっている日本の茶道は、中国のように茶の味を楽しむ知覚文化ではなく、明らかに精神文化ですね。茶道イコール禅という感じで、とても気持ちが落ち着くというあたりが焦点になっています。

華道は北欧でも盛んになっていて、教える先生が足りないほど流行っていると聞きました。精神的な渇望が進んでいるのにどこでも精神文化が衰退していて、多くの人たちが精神を豊かにしてくれるものを探していくなかで、日本文化と出会っていったと思います。

## 日本人からサービスを受けることの心地よさと安心感

**竹田**　世界的に日本製品に対する信頼は高いわけですが、それが最近では工業製品にかぎらず農作物にまで及んでいて、とくに中国や香港では非常に人気があります。日本の米も徐々に中国で売られはじめているということです。現地の中国米と比べたらとんでもなく高い値段なんでしょうが、それでも飛ぶように売れるという話も聞きます。また、健康志向が強くなっていますから、呉さんのお話にもあったように、日本食の人気がずいぶん高まっていて、寿司や豆腐が世界中で好まれるようになっていますね。

それは日本人が作った物が技術的に優れているということばかりではなく、安心感を与えているからだと思います。日本人が作っているものなら、変なものは入っていないだろう、間違いないだろうという信頼感があるようです。日本人は誠実で嘘をつかない、誠実でいい仕事をするという安心感があり、日本人の作ったものは無駄がなくて信用できる。そういう印象が、物のよしあしを判断する意識を支えているような気がします。

**呉**　そうですね、ひとくちに日本ブームといっても、じつに多様なものにわたっていると思います。いまいわれた安心感ということでは、「日本人によるサービス」もその一つで、とても高い評価を受けていると思います。たとえば理容室や美容室では髪や顔など、多かれ少なかれ客の身体に触れることがあるわけですが、外国ではだいたいあまり気持ちのいいものではなくて、不安のうちに仕方なく身を任せているそうですね。

ところがいままでは、日本人にならばやってほしいという外国人が多いんです。日本人がやっている理容室や美容室でならば、それはタッチがソフトで繊細でとても気持ちがよく、すっかり安心した気持ちになれてリラックスできるというんですね。

そういうこともあって、いま、日本のエステが大きな評判になっています。日本の三大エステサロンの一つにミスパリというのがありますが、この会社の社長は下村さんという女性の方で、いろいろとお話を聞かせていただいたことがあります。この方はジュネーブに七年いたそうですが、ジュネーブで世界のセレブたちが集ってくるホテルなどには必ずスパがあって、そういうスパには日本人がやっているエステサロンがずいぶん増えているということです。それもお客さんたちは、単に日本風とか日本式だからというんじゃなくて、日本人自身がやってくれるから受けたいと、そういうことなんですね。

日本人のあの丁寧なサービスを受けるということが、ジュネーブのセレブたちの間では、一つのステータスになっているそうです。彼女はアメリカにも長くいたそうですが、アメリカ人のエステのやり方はかなり乱暴なもので、ちょっと怖い感じがするといいます。そのアメリカでも、やはり日本人によるエステの評価はとても高いそうです。

エステではいうまでもなく、全身の肌に触れられるわけですね。技術だけなら他の国でも大きな変わりはないようですが、日本人の手の動きは身体に対してとてもまろやかな感触を与えてくれるばかりでなく、態度、姿勢もきちんとしている。親切できめ細かい心配りがうれしい、かけてくる言葉も適切で心がこもっている、本当に安心できるというのが、大方の評価だということです。

それでミスパリの下村社長さんは、日本人は技術的にも優れているけれど、とくに誰もが美的なセンスをもっていることが、多くの外国人とは違うところだといっていました。その日本的な美のセンスがミスパリでは大きな効果を生み出しているということですが、一つには日本美には清潔感が基調にあるからだといっていました。エステサロンに清潔感は欠かせないものですね。

ミスパリのエステサロンでもそうですが、海外の美容室でも和風の清楚《せいそ》なインテリアを取り入れていく所が少なくありません。いわゆる凛《りん》とした佇《たたず》まいといいましょうか、他の文化にはなかなか見られない、なんともいえないきりりとした美しさが感じられるということなんですね。とくに欧米に特有な、さまざまな物で飾り立てた空間美とはおよそ異なる、じつに無駄のないすっきりとした空間美ですね。なかでも余白の美のようなものは諸外国には見られないものです。

ミスパリの社長さんは世界のあちこちを回って、美的センスは日本人が一番もっていることがよくわかったといいます。特別な美の教育を受けていない人でも、ちょっと教育しさえすれば誰でも通用するようになる、そう確信したといっていました。それで、なぜかと考えてみて、日本人は日常的に美の中に生きているからだと気がついたそうです。

ちょっと野に出れば綺麗な花が咲いている。それをつんできてスッと部屋に飾る。気に入った植物を選んできて庭に植える、鉢に植える。そうした日常のなかで自然に美的なセンスが養われている。だから、ちょっと教育しさえすればすぐに力を発揮していく。それが日本人だということなんですね。

外国人だとそう簡単にはいかないそうです。どのヨーロッパ諸国も芸術の国といわれてはいるものの、たとえば絵を描いて楽しむ文化は国民の間に広く見られるものではなく、一部のインテリ階層の間でしかあまり見られないものなんですね。欧米では一般庶民で美をたしなむ人はそう多くないので、彼らを教育していくのは日本人よりもずっと大変だということでした。

## 日本のすっきりと無駄のない美しさに惹かれる外国人

**呉**　日本の無印良品という会社がありますね。この会社の会長さんからもお話を聞かせていただいたことがあります。商品はいずれも無地ですっきりしたデザインを基調とするものですね。飾り気のない品のよさが感じられるだけ品質本位のイメージが強く、表だった商品臭さを感じさせないところでも、他に見られないユニークな商品だと思います。お化粧をしない商品、素顔の商品という感じですので、営利企業ではない品質重視の消費者団体が作った自主製品なのかなと思ったりしました。

でもよく見ると、とても素人が考え出せるようなものではありません。この無駄のなさ、このすっきりした感じ、それと感じ取れる品位というものは、どう考えても伝統的な日本美をよくよく知った上で構成されたものに違いないと思えました。

会長さんに聞いてみますと、やはりそうでした。室町時代から華美な色彩や装飾を洗いに洗い、省きに省いていくなかで、やがて完成されていった「わび、さびの文化」、とくに「禅・俳句・茶道・華道」などに大きなヒントを得て、研究に研究を重ねて考え出していったものだということなんです。

それで驚いたことは、商品のそうしたデザイン基調は、最初から世界の最先端の市場を狙《ねら》って考えたものだということでした。日本での商品展開は一九八〇年からですが、その時代にはまだまだ日本美はローカルな位置に甘んじていて、とても世界的に受け入れられる状態にはなかったわけです。

世界展開がはじまるのは一九九一年からです。最初はイギリスのロンドン、次に香港、フランスのパリ、イタリアのミラノと次々に店を出し、近年にはアメリカや中国、韓国などのアジア諸国にも進出しています。パリとかミラノとか、世界のファッション発信地のど真ん中に店を出したのも、必ず美の最先端にある人たちから売れていくという確信があったからだというんですね。そしていまや、まさしくそのとおりになっているわけです。

消費者というものは経済の発展段階では、一般にキンキラキンでゴテゴテした派手さを好むそうですね。それに対して発展をとげて成熟した社会の消費者は、よりすっきりした品位あるものを好むようになるそうです。無印良品では、開発者たちがそういうことを一九八〇年の時点でしっかり押さえて事業をはじめていったんですね。それで現在の日本ブームです。わび、さびの深いところまで理解されているわけではありませんが、いまでは無駄なくすっきりとした美しさをはじめとする日本美の市場は、グローバルな広がりをもつようになっているわけです。

## 世界商品として有望な日本製軽工業製品

**竹田**　いまのお話のように、伝統的な日本の美が世界にどんどん受け入れられるようになっているわけですが、その意味でも僕は日本の伝統工芸品に注目しています。日本は世界のほとんどの国に対して貿易黒字をもっているわけですが、先進国で日本が貿易赤字になっているのが、イタリア、フランス、スイスだそうですね。『デフレの正体』（藻谷浩介著、角川書店）という本にそういうことが書いてありました。

それでは日本はイタリアからどんなものを買っているのかというと、ほとんどがカバンなどの軽工業製品です。ロケットのエンジンとか重工業の最先端の技術品ではなく、何百年も前からある革製品とかニットとか、そういうものです。フランスから買っているものも、多くがルイ・ヴィトンなどが作っているバッグなどの軽工業製品ですね。そういうヨーロッパブランドの軽工業製品を日本はいっぱい買っているわけです。

いままでの日本の海外に対する商品戦略の主力は、自動車やコンピュータなど最先端のハイテクを使った商品ですが、ちょっとばかり日本の軽工業製品に目を向けてみると、ヨーロッパではとても見られない機能的で上品で非常に美しいものがたくさんあるんですね。

たとえば僕が愛用している財布は甲州印伝といって、山梨県で約四百年も前から作られている鹿革に漆を塗った財布なんです。甲州印伝はもともとは武具に用いられた技術で、鎧《よろい》の革の部分を強化するために漆を塗ったことから興ったものです。僕の友人が甲州印伝を作っている会社の社長にインタビューしたんですが、彼がその時に「ジャパニーズ・ルイ・ヴィトンですね」といったら、「うちはルイ・ヴィトンよりも何百年も古い」といわれたそうです。

ルイ・ヴィトンで同じようなタイプの財布を買ったら、まあ八万円とか十万円とかすると思いますが、僕の甲州印伝は一万四千円くらいです。デザインも柄も素敵ですが、とても長持ちしますし、漆ですから何年も使っていけばいくほど味が出てくるんです。使っていけば単に古くなっていくだけのものとは違います。いろいろな柄や種類がありますが、ルイ・ヴィトンが相手でも十分勝負できると思います。これがその甲州印伝ですが、よくご覧になってください。

**呉**　なるほど、素敵な柄ですね。手触りもなめらかで、日本人が作っただけあって内側も綺麗だし、機能的にもよく考えられていますね。イタリアやフランスのブランド品はデザイン的にはとても優れていると思いますが、機能的にはかなり不便なところがあるんです。もっぱらおしゃれ専用といった感じですね。ヨーロッパ古典という伝統、そのクラシカルな文化イメージに支えられてこその商品で、使い勝手まで期待できるものではないですね。

**竹田**　西洋のブランド品を修理に出すと高いし時間はかかるし、修理できないといわれることもけっこうあるんですよ。僕は甲州印伝を十五年くらい使っていますが、長年使っていると内側の革がすり切れてきたり、ほつれてきたりしてきますが、修理に預けると綺麗に直してくれます。内張の革を張り替えてくれて、やはり長年使っている巾着の紐が切れた時も新しく紐をつけてくれました。

それで「お代は？」というと二百八十円なんですね。一桁違うんじゃないかと思いました。西洋のブランド品ならとてもそうはいきませんね。値段は安いですがその価値はとても高いという、こういう日本の軽工業製品はどんどん世界に出していくべきと思います。

**呉**　いま拝見した甲州印伝の財布はとても美しいものですし、品質では明らかにルイ・ヴィトン以上のものですね。このようにレベルの高い軽工業製品は他にもまだたくさんあると思いますが、この分野ではずっとフランスやイタリアの独占状態です。グローバルな規模でのビジネス戦略が日本よりずっと上手だということもあるでしょうが、フランスやイタリアのブランド商品の生命は何といってもイメージ価値の高さなんですね。さまざまな伝説や物語に彩られたヨーロッパファッションへの憧れの眼差しが、イメージ価値を高みへと押し上げているわけです。

でも文化価値の高さからいったら、日本の物のほうがずっと高いと思います。伝統的な背景、美しさ、品質、機能がいずれも第一級のものであることに加えて、他にはない自然素材を生かした味わいがありますから、文化の時代になっていけばいくほど注目されていくと思います。

## 日本製品ならではのちょっとした小物の魅力

**竹田**　日本製品はお箸にしても、耳かきとか毛抜きにしても、ちょっとしたものでも職人技がしっかり発揮されています。そんな職人技を生かした日本製の日常品を、パリあたりで買える店があったらウケると思いますよ。包丁なんか日本刀の技術が生かされているわけですから、ヨーロッパの人が使ったらびっくりすると思います。

**呉**　日本製の小物ですね、これは絶対にウケますよ。これも無印良品の話ですが、アメリカに進出して爆発的に売れたものが、なんとフォークとナイフなんですね。あちらはフォークとナイフの本場でしょう？　それなのになぜ売れたかといいますと、これが面白いんです。あちらの物はすべて大きなものばかり、ナイフといえば肉を切る物という発想ですからすべて大きくしっかりしたものですし、フォークもそれに揃えて大き目のものばかりなんです。

でも、野菜サラダを食べたりするにはもっと小さなほうがいいし、女性や子どもも小さめのほうが扱いやすい。そう考えて少々小振りのフォークとナイフを作って売ったら、あっという間に大人気商品になったそうなんです。もちろん品質はアメリカ製の比ではないわけです。

**竹田**　それは、まさにコロンブスの卵ですね。そういう発想はあちらからは出てきようがないんでしょうね。

**呉**　そうなんです。同じ発想で成功したものは他にもたくさんあるそうです。たとえば家具でもそうですね。ニューヨークの店で、小さくて品質の良い家具がやはり大人気になったそうです。それは、ニューヨークではアパートの部屋はかなり狭いのに、家具は一般家庭で使われるのと同じ大きな物しかないので、狭い部屋がより狭くなってしまう。ということで、あちこちのアパートの部屋の寸法を調べて、小さめでちょうどよい大きさの折りたたみ（たたむとソファになる）ベッドなどを作って売り出したところ、大成功したというわけなんです。

ヨーロッパでは、日本によくあるいろいろなタイプの小さなドライバーがセットになっている商品が、やはり爆発的に売れたそうです。ドライバーもまた、ヨーロッパには大きくて頑丈なものしかないんですね。女性が台所でちょっとしたものを付けたりするにも、わざわざ道具箱から大きなものを取り出してくるしかないわけです。でもこれなら引き出しに入れておけるし、どんな物にも合うから便利だと、とくに女性の間で好評を博したそうです。クリスマスプレゼントだといって、一人で百個、二百個と買っていく人もかなりいるということでした。ほかにもたくさんあります。

日本人からすれば、欧米人ってなんて融通のきかない人たちだということになるわけですが、そこに商機があったわけです。日本人はまさしく融通無碍《むげ》の最たるものですからね。欧米人にそういうちょっとしたことでの発想がないのは、だいたいが大ざっぱで、生活の小さなところに工夫を凝らすことをあまりしてこなかったからでしょうね。

## もてなしとホスピタリティはどこが違うか

**呉**　近年のサービス産業ではホスピタリティということが盛んにいわれますが、日本でこれに対応するのがもてなしですね。ヨーロッパでホスピタリティがいわれるようになり、日本ではもてなしがいわれるようになった。これは単なる偶然ではなくて、これまでの商業サービスのあり方を根本から見直そうという動きが、円熟した文化の伝統をもつ東西両極の地域から時を同じくして出てきたということだと思います。

日本では中世の楽市にはじまり、ヨーロッパでは中世の自由都市にはじまり、やがて近世に花開いた商業文化が両地域では近代以降の商業ビジネスのあり方を方向づけてきたわけです。そこで商業サービスの核心にあったのが、ホスピタリティの精神であり、もてなしの精神だったんですね。

　ところが現代に至って、サービスの効率化、サービス方式のマニュアル化などの傾向がものすごく強くなり、客にとっては心の慰安にはまるでならない、一方的に提供されるサービスに身をゆだねるしかないという、じつにおかしな状況が世界的な規模で拡大したわけです。その反省がようやく起きてきて、それぞれが自分たちの伝統を再評価し、現代的に再構成していこうとする動きが出てきたんだと思います。

　ただホスピタリティは、伝統的にはもっぱら上流階層に対する貴族待遇の奉仕として発揮されてきたものだったからだと思いますが、ホスピタリティの見直しはだいたい国際的な一流ホテルや高級品店に限った動きに止まっていますね。一般庶民相手の飲食業や物品販売業などはほとんど対象外となっています。そこが日本とは違うところですね。ということで、欧米や中国・韓国などでは、セレブ相手、庶民相手を問わず、日本式のもてなしが大きく注目されるようになっています。

**竹田**　そのようですね。加賀屋旅館が台北に進出していますが、徹底した日本式のもてなしが好評だと聞きましたが。

**呉**　ええ、社員教育が大変だったようですが、上手くいっているそうですね。

英和辞典ではホスピタリティはもてなしと訳されていますし、そのあり方も由来もよく似ていますが、そこにはやはり大きな違いがあるんですね。もてなしの精神は、異界から訪れてくる神様をお迎えして、せいいっぱいのご馳走《ちそう》をもって歓待するという、古くから各地で行われてきたお祭りに由来しています。

それに対してホスピタリティの精神は、神様が人間に恵みを与えられることに発しているんですね。イエス・キリストは最後の晩餐《ばんさん》でパンとぶどう酒を手にし、「これが自分の身体であり、これが自分の血である」と弟子たちに語ったとされます。キリスト教の聖餐式では、これを記念してパンとぶどう酒を会衆に分けるわけです。

パンとぶどう酒はホスト（聖体）と呼ばれるように、神様から分け与えられる聖なる恵みであり、英語のホスト（主人）にはそういう意味が含まれています。ようするに、神様をお迎えして歓待するのがもてなしで、神様が恵みをくださるのがホスピタリティなんですね。ホスピタリティは、恵まれていない人たちに恩恵をほどこす行為に通じています。

**竹田**　慈善事業ということですね、それで困った人を助ける施設がホスピタルですね。

**呉**　はい、もともとは巡礼者や旅人を宿泊させて食事や治療などを含む手厚い保護を行う施設をホスピタルと呼んだんですね。日本でいうと「お接待」みたいなことになりますが、日本では巡礼者に神様のほどこしを与えるということではなくて、巡礼者を神様とみなして接待するわけです。キリスト教では「神様があなたがたを愛されるように、あなたがたも隣人を愛しなさい」といわれるように、「神様がほどこされるように、あなたがたもほどこしなさい」ということで、自らも神様がされるのと同じようにほどこしを与えるのがホスピタリティというものなんですね。

日本人は一般に、一方的にほどこすことを好みませんね。それは失礼なことではないかと感じているところがあると思います。与えられたら必ずお返しをする、相互に与え合うことをよしとする、お互いに助け合っていこうとする。日本にはそういう相互主義、相互扶助の精神がしっかり根付いていると感じます。ですから、もてなしというのも返礼として、日頃の恵みへの感謝として行うところに意義があるんですね。お客様は恵みを与えてくださる神様のような存在ですから、意を尽くしてもてなしをするわけです。

日本人は災害援助や福祉ボランティア活動でも、そういう相互主義の精神に変わりはないと思います。「お互い様ですから」という気持ち、「今度自分が困ったら助けてくださいね」という気持ち、そういう相互に行き交いたい気持ちが根底にあるはずです。

日本には「神を助ける話」という民話・伝説が各地にありますが、そこでは神様は、乞食とか醜い子どもとか手足が不自由な者とか、多くがみすぼらしい弱者や異人（ストレンジャー）の姿で登場しています。それで、助けた者には恵みがもたらされるというお話なんですね。弱者や異人を異界からの来訪神と同じように考えてもてなすわけです。ここでもほどこしは一方的なものではないんですね。

キリスト教社会でいう慈善事業とか慈善行為、ボランティア活動というのはそうではなく、神様がそうされたように自らを犠牲にして奉仕する、そこに意義があるものなんですね。ですから実際には、持てる者、力のある者がない者に与えるという、一方的なほどこしになります。ホスピタルで病者に献身的な看護をほどこすとか、そもそもホスピタリティはそういう奉仕の精神に基づくものです。だからそこでのお客様は神様なのではなく、神様から恵みを与えられ祝福されるべき存在なんですね。

## 朝鮮通信使を神様のように歓待した江戸時代の日本人

**呉**　日本のお祭りでは、何日も前から身を清め、慎みのなかで静かに神様がやって来られるのを待ちます。それで神様をお迎えする神事を終えると、神前にささげた酒・

果物・魚・穀物などをおろしての宴会となるわけです。この宴会は直会《なおらい》と呼ばれていて、人間だけの宴会ではなく、神と人が共に食べるという宴会なんですね。ご馳走や歌や踊りの披露で神様を歓待し、賑《にぎ》やかなうちに宴会がお開きとなります。それから神様をお送りする神事を執り行ってお祭りが終わるわけです。

こうしたお祭りでの神と人との交流のあり方が、お客様の来訪を待ち、お迎えし、歓待し、お送りするという、一連の日本式もてなしの原型になっていると思います。

神様は異界からやって来る賓客ですし、日本人には海の彼方の国への憧れがありますから、海外からやって来るお客様となると、それはもう格別なもてなしをすることになりますね。たとえば徳川将軍の代替わりを祝して、李氏朝鮮王朝から朝鮮通信使がたびたび日本を訪れましたが、日本人の歓待ぶりたるや大変なものでした。なにしろ鎖国をしていた時代でしたから、海外からの公的な使節ともいえる朝鮮通信使は、国家が迎える最大のお客様だったでしょうね。

朝鮮通信使一行は総勢五百人ほどの大集団です。この大集団が海路で壱岐《いき》・対馬《つしま》・

九州から瀬戸内海の各港に立ち寄り、陸路で大坂・京都・名古屋を経て江戸へ向かいます。日本側はこの一行を対馬藩士八百名が護衛し、接待役をはじめ駕籠《かご》・輿《こし》・馬の世話をする者など、さまざまな日本人随伴者が千数百名ですから、総勢じつに三千名という大行列だったんですね。日本国内の往復にかけた約六ヵ月の間、一行は立ち寄る先々で最高級の接待を受け、先々で沿道に立ち並ぶ多数の日本人民衆に大歓迎されています。

滋賀県の近江八幡も朝鮮通信使一行の宿泊地の一つですが、現地の博物館に関連する文物がたくさん展示されています。それらを見てすごく驚いたことがあります。近江八幡のもてなしでは、朝鮮通信使一行を迎えるたびに、そのつどすべての食器を新しく作っているんです。膨大な量ですが、接待が終わると全部捨てて、次に来た時には新しいものを作って迎えるんです。一回使っただけですから、ほとんど新品ですし、どれもこれも最高級の美しいものなんです。まさしく神様扱いではないかと思いました。

**竹田**　それはまさしく伊勢の神宮でやっているのと同じことです。やはり神様のお食事に使う土器は一回使えば全部捨てるんです。ですから、そのつど新品を使っています。これは神様を迎える作法の一つなんですね。

**呉**　はあ、そうなんですか。対馬藩では、朝鮮の人たちに何が一番喜ばれるかと考えて、朝鮮の料理を徹底的に研究しているんです。それで、朝鮮で最高級の料理を差し上げることにしたんです。その料理は日本でいうとすき焼きのようなものですね。朝鮮はモンゴルの侵入で影響を受けていますから、朝鮮の貴族官僚たちはぐつぐつと煮た肉を大変なご馳走として食べるようになっていました。対馬藩の接待役は、それに似たようなものを作らせて一行に提供し、大いに喜ばれたということです。これが日本のすき焼きの起源だという説もあるそうです。

**竹田**　そうですか、それは面白いですね。

**呉**　この説は本当かどうか知りませんが、いまの韓国人には、日本食の多くが薄味なものですから、なかなか口に合わない人が多いんですが、すき焼きだけはみんな好きなんです。お客様の立場に立って、お客様はどんなものが好みなのかと一生懸命に研究してそれを差し上げるというのは、じつに日本人的であって、やはり日本式のもてなし精神があるんだなあと思いました。

韓国では相手が何を好むかではなく、韓国でいいといわれている物を差し上げます。それは「私はこれだけいい物、これだけ高価な物をあなたにあげている、それだけあなたを大事に思っている」ということなんですが、同時に「自分はそれほどのことができる度量の大きな人物なんだ」と相手に認めてもらいたいわけなんです。もう一つは量ですね。韓国では「食卓の脚が折れるほど」といいますが、食卓の上に食べきれないほど盛りだくさん積み上げるのが歓待の印です。それで、相手が食べきれずに残すことで、主人としては十分な接待ができたと満足できるわけです。これが韓国式の歓待なんです。

韓国でも海外からのお客様は大歓迎しますが、お客様が神様だという気持ちはないですね。日本では商業でもお店に入って来られるお客様はみな神様なんですよね。

**竹田**　はい。「お客様は神様です」という言葉が、そのまま決まり文句のようにしてありますしね。

**呉**　韓国でも日本にそういう言葉があることを知っていて、最近ではそれを受けて「お客様は王様だ」という言葉を作っているんです。まだ商業が発展していなかった中国・韓国・アジア諸国では、商店などでの接客態度はきわめて悪いもので、長い間「どちらが客かわからない」といわれるような状態でしたね。商業が発展途上に入り、日本や欧米の影響を受けるようになってからも、いくらかよくなったとはいえ、接客態度は形ばかりの外面的なものでした。

それが最近になってようやく、中国や韓国で日本の丁寧できめ細かなもてなし接客方式を採用しようとする動きが活発になってきました。これは大きな変化でして、アジア地域ばかりではなく欧米でも、日本式のもてなしが大きく注目されるようになっています。

## なぜ日本人客が最も上質な客とされるのか

**呉**　あるサービス業の会社を取材した時のことですが、お客さんが店に入って棚にあるものを見ているとすると、店員はどのタイミングでどの方向からお客さんに声をかけるかがとても大事だということです。それで声をかけるには、お客さんから一歩後ろへ下がった右側のほうに立って「この商品は何々で……」など、そっというのがいいということなんですね。

人間は右耳からの情報は左脳で処理し、左耳からの情報は右脳で処理するという具合に交差しているらしいんです。それで、左脳は言語脳で論理的な物事を扱うので、いきなり話しかけられると「なんだ」とびっくりしてしまうそうです。右脳は非言語脳で言語以外の情緒的な物事なんかを扱うので、そちらにそっと語りかけるのがいいんだそうです。それで左側から声をかけるということなんですね。

**竹田**　そこまで考えてやるんですか、すごいですね。海外でお店に入ってちょっと見ていると、すぐに「これはいいですよ」とか声をかけられるので嫌になっちゃうことが何度もありますね。

**呉**　そうですよねえ。早く買えみたいな感じでつきまとわれるし、買わないで出ようとするとすごい顔されるでしょう。ミラノの最先端の店でも怖かったですよ。いったん入ると買わないで出るのにけっこう度胸がいるんですね。

**竹田**　まったくそうですね。客のほうが気を遣うことになってしまいます。エクスペディアという世界で一番人気のあるホテルを予約するサイトがあるんですが、そのエクスペディアが毎年どこの国のお客さんが上質なお客さんかというアンケートを世界中のホテルにとっているんです。それで毎年日本人が一位なんですよ。日本のお客さんはホテル側からしてみれば最上のお客さんなんですね。

その理由がアンケートに出ているんですが、日本人というのは、もてなす側だけではなくて、もてなされる側のお客さんも、お店に対して気遣いをする、ということなんですね。ここまでは店にわがままをいってもいいけれど、ここからはちょっとダメだとか、これ以上汚したらダメとか、そういうふうなお店側に対する気遣いが日本人にはありますよね。

**呉**　本当にそうですね。ある航空会社の国際線担当の方から聞いた話ですが、日本人客が座った席と、他の外国人が座った席とでは、あたりの様子が全然違うそうですね。

**竹田**　ああ、よくわかります。外国人の席はハムスターの小屋みたいになっていることがありますよね。いろんなものが食べ散らかしてあったりしますから、ここは日本人が座った席じゃないとひと目でわかるでしょうね。

**呉**　とても散らかっていますよね。日本人は毛布もきれいにたたんでおいて席を立つでしょう。でも外国人が座った席のあとは……。

**竹田**　どこのゴリラの部屋だろうと思ったりする（笑）。しかも、これがファーストクラスの席だったりするんですよね。金を払って乗っているんだから、客がどう汚したっていいだろうということなんでしょうが、日本人にはそういう感覚はありません。ホテルで日本人客が喜ばれるのも、そういうことがあるからでしょう。

**呉**　何しろ綺麗好きですからねえ。お金を払っているんだから散らかしてもいいなんていう発想はとてもみっともないものだ、美意識に反するということなんでしょうね。日本人はよく、従業員に迷惑をかけてはいけない、手間をかけさせてはいけないということをいいます。

## もてなす側ともてなされる側の真剣勝負が美しい

**竹田**　茶の湯でも、もてなす側ともてなされる側はお互いに気を遣い合いますよね。食事が終わった時のサインとして、客がみんな揃ってお箸をお盆の上にぽとんと落とす、店の主人はその音を聞いて「あ、終わったな」と察して挨拶に出てくる。そういう決まり事まであるわけです。「食べ終わりましたよ」とか言葉でいうより美しいですよね。

**呉**　韓国にいた時分には、私は和式の料亭などで料理を食べ終わった時に、使った割り箸をそのまま食卓の上に置いていたんです。それは当然のことだと思っていましたが、日本に来てみますと、たいていの日本人は使った割り箸を再び割り箸が入っていた袋の中に入れて食卓に置くんですね。それで私もそうするようになったんですが、茶の湯の師匠から茶の湯の世界ではそれでは不十分だと教えられました。袋の中に入れるだけでは、お箸が新しいものなのかどうかわからなくなるので、先のほうから半分だけ入れて半分折るんですね。そうしておけば店の人に汚いところが見えないし、これは使い終わったものだということがわかるというわけです。

**竹田**　もてなす側ももてなされる側も真剣勝負なんですね。

**呉**　そうそう、そこが美しいんですね。お互いの美しい振る舞いをもっての応酬みたいな感じがあって、美的なところで負けまいとするんでしょうか。もてなしといえば饗応すること、ご馳走することとなりますが、単にそれだけではないんですね。もてなしという言葉は、もともとは身のこなし、振る舞い、物腰とか、そういう人に対する態度や遇し方をいったものだそうです。それでこの、人に対する態度や遇し方は、文化が円熟し社交の場が盛んになっていくとともに、教養によっていっそう磨きがかけられ、より美しいものへと洗練されていったと思います。

そういう意味で、日本の伝統的なもてなしというのは、よく習熟した知的で美的な振る舞いや身のこなしをもって、お客様の来訪を待ち、お迎えし、歓待し、お送りすることだと、そういえるのではないかと思います。

**竹田**　たしかに、心を尽くしたもてなしには教養がないといけないし、美しさがなくてはいけません。

**呉**　言葉づかいも美しくなければならないでしょうし、身振り素振りも美しくなければなりませんね。誰もが身につけるべき素養であり、生活芸術のようなところがあります。

**竹田**　まさしくオカミさん文化がそうですね。ただ若いだけの女性では務まらないという理由もそのへんにありそうです。

**呉**　そうですね。もてなす人ともてなされる人がともに美しい振る舞いで交歓し合い、一種の芸術作品みたいになっていくのがもてなしの理想でしょうね。

**竹田**　商業ベースでもそうです。よく「店が客をつくる」といいますが、もてなす側が真剣勝負でもてなしてくると、もてなされる側も気を入れてもてなされていこうとする。自然とそうなっていくのは美しいですね。

**呉**　日本の商店や旅館などでのもてなしには、商業なのに商業の枠では計れないというか、商売なのに商売気抜きのところが欠かせないとか、そういう感じがあります。どこかに単なるお金儲けじゃない領域があって、それがあるから商売が成功するのが日本だと思うんです。

何か利益を得ようという気持ちをもつんじゃなくて、ただただお客さんに心から喜んでもらいたい一心で懸命にもてなす。それでもてなされたお客さんが大きな喜びを得たとすれば、お客さんにはそのもてなしに報いたい気持ちが自然に起きてくる、そうなれば結果的に何かの利益が付いてくることになる。そういうことではないでしょうか。

## 結果よりもプロセスを大事にするのはなぜか

**竹田**　儲からなくなって店が潰れたのではなくて、お客さんが店に対して非礼を働いたことで店が崩壊した例を知っています。あるフランス料理店なんですが、その経営者だったのが大変仲のよい友人なんです。その店は日本ではちょっと他にないような、ヨーロッパの社交場にいるような感じがする素晴らしいフランス料理店でした。とても評判が高い店だったんですが、彼はある日その店を閉じて営業を止めてしまいました。そのきっかけというのは、ある常連客がネクタイをしてこなかったことだったんです。そのことでショックを受けて店を閉じてしまったんです。

その店はフォーマルなフレンチですから、男性はタキシード、もしくはダークスーツ着用は当然のことですし、女性もそれに準ずる服装でというのがルールです。もしお客さんが上着なしにあるいはノーネクタイで来てしまったら、ジャケットやネクタイを貸し出して入っていただき、ジーンズなどなら入店をお断りすることになるわけです。

もうずいぶん前からの常連客が、当然この店ではノーネクタイでは入れないことがわかっているのに、ある日ネクタイなしでやって来たんですね。それで私の友人の店主が「それでは、うちのほうで用意しておりますネクタイをおつけください」というと、その常連客は「なんだって？　ふざけんなよ、俺がどれだけこの店を使っていると思っているんだ」ということをいったらしいんです。そういわれて店主は大きなショックを受け、自分はお客さんにそんなことをいわれるような店をやってきたつもりはないんだと、ものすごく悩んでしまったんです。お客さんにそこまでいわれてはもう店を続けることはできない、続ければもう自分が崩壊してしまうというので店を閉じてしまったんです。

**呉**　稼がせてやっているんだから、いちいちうるさいことをいうなというのが客の言い分なんですね。普通だったら、そういう客はどこにもいるものだから、もう来てくれなくていいと追いかえせばいいだけで、とくに悩むことはないですよね。でもその店のご主人は、自分はそんな非礼な客が来るような店をやっていたのかと悩んでしまった。どうせ金儲けでやっているんだろうみたいにいう客がいる以上、店のプライドは守れない、店の品格も守れない、このまま続ければ自分の人生ではなくなってしまう、それならば店を止めるしかないと、ご主人にあったのはそういう思いなんでしょうね。

**竹田**　ようするに、金の問題だということをいわれたわけですよね。ルールを知らないで来たのが一見さんならお断りすればいいだけですが、ルールをよく知っている常連さんから「金払ってるのになんだ」とかいわれてしまうと、彼としては自分が作り上げてきたすべてが否定されたような気持ちになってしまったと思うんです。彼としては真剣にもてなしをやっているわけですから、もてなされる側がそれを土足で踏みにじってきたとなれば、これはもう自分のもてなしが全否定されたのと同じだと、そう思ったんですね。

**呉**　なるほどね、よくわかるような気がします。多くの日本人にとっては、結果はどうあれ何をしてきたかというプロセスが大事なんですね。その方にあるのも、儲かる儲からないというのは結果の話で、大事なことは自分で納得のいくことを一生懸命にやっていくことなんだ、そのプロセスが重要なんだという考えですね。でも、実際にそこまで徹底する人はそうはいないでしょうね。

李氏朝鮮王朝では商業は卑しい職業とされていました。それは、農民は食糧を作り国の基盤を築く、工人は有用な物を作る、しかし商人は何も作らず利ざやを稼ぐだけだという儒教的な職業についての価値観が、国民の間にしっかり根付いていたからです。ですから商人自身が自分の仕事に誇りをもつことができません。商人ならばだいたいは、早くたくさん稼いでこんな仕事をしなくてもいいようになりたいと考えたわけです。それなら、稼ぐことができて商売をやめ、いったい何がしたいのかというと、気前よくお金を使える人物になりたいということなんです。

それで韓国ではいまでも、「犬のように稼いで両班《ヤンバン》のように使う」という言い方をします。犬は最も卑しい軽蔑に値する存在のことで、両班というのは支配層であり大地主でもある高級国家官僚のことです。

両班はお金の使いっぷりがよく、しばしば大盤振舞をしますから、そのお相伴に与《あずか》りたい多くの取り巻きがいるわけです。ようするにこの言葉は「どんなに汚くお金を稼いでも気前よく使えばいい」という意味なんですね。しかも、気前よく綺麗に使えば大人物とみなされ、気前よくお金を使うのはカッコいいことで、善い行いとみなされるわけです。豊かな者が貧しい者に分配するのは善い行いだという道徳観がありますから。

ということで、たくさんお金を使ってくれるお客さんならば、侮辱されようと何されようと我慢する、お金をたくさん稼いだ後に気前よく使うのが目的なんだから、という考えが大方の庶民のものとなっていったんです。こうした考えは現代の韓国に根強く残っています。稼ぎ方は汚くても、使う時に善く使えばいいというのは、プロセスは問題じゃない、結果がよければそれでいいんだという考えですね。日本人とは正反対です。

**竹田**　そうなりますね。日本人は商売のなかでもいさぎよくあろうとしますが、お金では計れない価値観があると思います。先のフランス料理店の店主が店をたたんだのは、とても日本人的だと思います。俠気があってカッコいいなと思いました。

**呉**　カッコいいけれども、ああもったいない、ちょっと我慢すればよかったのにとも思えて……（笑）。でも、自分はこう生きたいということが善悪の問題ではなく美意識になっているのは、とても素敵でやはり日本人的だなあと思います。

## 美しい生き方、いさぎよい生き方

**呉**　人はどう生きるべきか、社会はどうあるべきかといった時、近代以降の欧米世界では「何が正義か」を最大の要件にしてきたと思います。それに対して朝鮮半島の伝統的な社会では「何が善悪か」が最大の要件でしたし、現代韓国でもそれに大きな変わりはないといえます。ただ、キリスト教、イスラム教、儒教といった宗教的な面では、善こそが正義なのだ、正義とは善のことだというように、善悪の道徳が「何が正義」かを決定しているわけですね。

それでは日本はどうでしょうか。もちろん、正義、善悪を問うことは盛んに行われてきたと思います。しかし私は、少なくとも個々の日本人は伝統的にも現在的にも「何が美しいことか」を最大の要件にしてきたのではないかと思うんです。

キリスト教文化圏や儒教文化圏の人たちは、基本的に善悪、正義を基準に物事を考えていますから、日本人の価値観がなかなかわからないんです。日本人自身もそのへんをはっきり意識しているとはいえないように思います。もちろん日本人にも正義や善悪についての考えがあるわけですが、それはとても相対的なものですね。でも正義というのは普遍的なものですし、善悪は絶対的なものです。

この普遍的とか絶対的とかいう考え方を多くの日本人は好かないんですね。正義とか善悪とかいっても、人それぞれで違うとか、場合によって違うとか、いろいろな考えがあっていいとかいうわけです。

そうなってきますと、多くの外国人が「日本人はそれぞれ勝手に、その場その場、目先目先で生きている」と考えることにもなるわけです。外国人がよくいう「日本人の価値観がよくわからない」とはそういうことなんですね。かつての私にしてもそれは同じことでした。

たいていの日本人はカッコよく生きたいと思っていますね。カッコ悪い生き方やみっともない生き方だけはしたくないとよくいいますし。多くの日本人が人生で目指すところは、どう生きるのが正しいか、どう生きるのが善なのかではなく、どう生きるのが美しいかなんですね。正義の道を行く、善の道を行くというのではなく、美の道を行くのを理想としているのが日本人だと思います。

それでは、美しい生き方、生き方の美しさといった場合、その美しいとされるものには何があるかということですが、私が一番に注目したいのが先の震災の話でも少し触れたいさぎよさなんです。よく「イキな生き方」といいますが、いさぎよさはイキの精神を形づくる重要な要素にもなっています。

いさぎよさといえば、やはりパッと咲いてパッと散る桜の花が頭に浮かびますね。満開に咲き誇る桜の花はとても美しいものですから、散ってしまうのはなんともおしい気持ちがするものです。でもそれ以上に日本人は、桜の花がいっせいに散り尽くすそのいさぎよさに強く心が惹かれるわけです。いさぎよさは、とくに武士の精神には重要な位置を占めていますね。

ついでにいいますと、桜は日本の国花ですが、韓国の国花はムクゲです。ムクゲは夏から秋にかけて咲いては散り、咲いては散りするわけですが、その容易に散り去ろうとしないしぶとさ、ねばり強さが韓国人にはとても好まれています。日本人からすれば未練がましいじゃないか、いさぎよくないじゃないかということになるかと思いますが、ここでも日本とは正反対ですね。

かつての私は日本人がよくいう「いさぎよくありたい」とか「未練を残さずスッパリあきらめるのがいい」という感じがよくわからなくて、ただ「変わり身の早さ」とか「突然一転する心変わり」と感じられるばかりで、「なんて冷たい人たちなんだろう、なんて情の薄い人たちなんだろう」と思っていたんですね。

いさぎよさは、思い切りのよいあきらめといえばわかりやすいと思います。未練がましい振る舞いは、日本人の美意識からすればとても醜いものですね。未練なくさっぱりとしたあきらめの態度こそ美しいものです。

もののあわれ（を知る）というのも、日本人の重要な美意識の一つですが、これは仏教の無常観と深く結びつくことで美的な生活理念にまで高まりました。それに対していさぎよさは、仏教の悟りの境地と結びつくことで、やはり美的な生活理念にまでなっていったと思います。

仏教の悟りとは、簡単には「自我・現世への執着から脱して真の自由の境地を得ること」といえばいいかと思います。もっと実際生活に引き寄せていえば「あきらめて運命を悟ること」とか「人生を諦観すること」ですね。いさぎよくあろうとすれば、最終的にはそうした境地が目指されると思います。

いさぎよさというのは、日本人の精神性の最大の特徴ではないかと思うんです。この精神性が、さまざまないきさつのすべてを水に流し、すっきりとした気持ちでゼロからの再出発をはかることを可能としているんですね。戦後のめざましい復興にしても、阪神淡路大震災や東日本大震災からの復興にしてもそうだと思います。深刻な争いが長らく続いたとしても、その関係が終わってしまえば、いさぎよく水に流そうとするのが日本人です。

## 日本語を輸出商品にする

**竹田**　現代以降の日本ブームは、最初は日本の工業製品が牽引する形で起きていったわけですが、いまはソフト面でマンガとかアニメが中心になってきています。そこからさらに発展させて、先にもいいましたように、日本人があまり商品力にはならないと思っている軽工業品などが海外市場に出ていくことが、日本人の自然観であるとか人生観であるとか、そういったものが世界に広まるきっかけになると思います。そこには日本人の職人魂とか日本人の気持ちが入っていますからね。

それで僕はさらに進めて、一番金にならないと思われている日本語を輸出商品にしたら、これはすごい武器になると思っているんです。たとえば英語ですが、何百年か前には英語を話す人は世界でほとんどいませんでした。もともとはブリテン島の人たちだけしか話していなかったところ、彼らの移民でアメリカに広がり、カナダ、オーストラリアに広がり、いまでは世界の共通言語にまでなっているんですね。アラブ地域の一部と中国を除けば、だいたいどこでも通じてしまう言語になったわけです。

ＴＯＥＩＣとかＴＯＥＦＬは世界中の人が受けていますから、莫大な試験料が入ってくるわけです。お金が儲かるだけではなく、英語が広まることによってイギリス人、ゲルマン民族の考え方や自然観や人生観が世界に広がっていったんですね。

それに対して、日本人はわかりにくいといわれていますが、世界中が日本語を勉強するようになり、第二外国語は日本語だとなっていけば、日本語でそのまま日本のドラマやアニメを見て理解でき、日本的な発想が自然に理解できる人がたくさん出てくるようになるでしょう。そうなれば、もっと深い部分で日本のことを世界にわかってもらえるようになると思います。経済的にも、日本語学校がどんどんできるとか、日本への留学生がどんどん増えるとか、いろいろな経済効果が派生していくわけです。工業製品からはじまってアニメやマンガになってきたところを、さらに落とし込んで軽工業品へ、さらには日本語へと、より深いところへもっていく努力をすべきではないかと思います。そのためには、国家が日本語を輸出商品にすることに力を入れていかなくてはなりませんね。

日本人はしっかりしたビジョンをもち、いまのクール・ジャパンを一時のブームに終わらせることなく、いっそう深く世界に浸透させていくことを戦略的に考えていかなければいけないと思います。

**呉**　世界の言語のなかで形容詞が最も豊富なのが日本語だそうですね。広告代理店の方に以前聞いたことですが、日本のコマーシャルは世界で最も表現のレベルが高いといわれるが、それは日本語の形容詞がとても豊富だからだということでした。たしかに、日本語には他の言語では言い表せない独特な表現がたくさんあるんですね。

**竹田**　そうですね。たとえば「もったいない」という言葉もそうですね。この言葉は、いまやほとんど世界語になっています。４Rといわれているリデュース、リサイクル、リユース、リペアという、自然環境に対応するこれらのアイディアをひとことで表す言葉といったら、「もったいない」という言葉しかないわけです。世界の人は「もったいない」という言葉に触れてはじめて、大自然と調和する手法に気づくんじゃないでしょうか。日本語が担えるものは、まだまだたくさんあると思います。

# あとがき――日本はなぜ二千年も続いているのか

日本における老舗の数は世界第一位。帝国データバンクの把握によると、二〇二二年八月時点で創業百年を超える老舗企業は四万四百九社だと聞きます。世界で創業百年以上の企業の数は八万六十六社ですが、その半数以上が日本にあり、創業二百年以上を含めると六五％になるとのことです。

それに比べて韓国における創業百年以上の企業は、銀行などを含めて八社に過ぎず、二百年以上ともなると皆無です。その理由として、韓国ならではの産業構造や相続税が高いことがその原因だと言われますが、私は韓国人の価値観にあると思います。

まず、朝鮮半島では儒教的な価値観から「形見」という概念がありません。博物館に入るような王様などのものを除いて、一般の人が亡くなった場合、その遺品には悪霊がついていると考えられていますので、全部燃やしてしまいます。どんなに高価なものであっても「死者のもの」の価値はマイナスになってしまいます。

日本に来て間もない頃、某パーティー会場で自分の服装を見せながら「祖母の形見の着物です」と日本女性に言われ、本当に驚いたことがありました。日本人は、形見に大変誇りを感じていますね。

形見の概念がない韓国で、歴史的な資料が残るはずがありません。

そのため、「老舗」という発想もなく、企業やお店が小さいまま永く続く価値や意義を理解することが難しいのです。永く続くよいお店ならば、次第に大きな企業になるべきではないのか。日本のように、小さいままでも「永く続くお菓子屋」という、その価値が韓国人には理解できません。小さいままで古いものに価値は見出せないのです。

日本では、「永く続いている」、それ自体に大きな価値があります。

また日本の文化、伝承芸術では「家元」制度が作られ、その伝統は後世に受け継がれていますね。韓国にはそのような制度はありませんので、日本の「家元」制度についても全く理解が及びません。

ですから、二千年も続く日本の天皇についての真の価値などわかりようがありません。朝鮮半島の王様のようなイメージで捉えていますから、一部の専門家を除いて一般の韓国人には、天皇には政治的な権力と権威があるとしか理解できないのです。

このように伝統や歴史的なものが消滅してしまいますと、人々の考え方はとても浅く薄くなってしまいます。そのため、変わり目が早い韓国の現代社会においては、何につけても先進的なものだけに「価値がある」となってしまいがちなのです。

たとえばお店ですが、カフェにしろ、ハンバーガーショップにしろ、代金の支払いは機械入力によるクレジットカード決済でしか受け付けられないところが急増していますので、年配の方が店に入るのは大変躊躇してしまいます。

日本でならばセルフレジであっても、傍らには従業員がいて操作の仕方などをサポートしながら少しずつ自動化へと移行していきます。この様子を見て韓国人は「日本は遅れている」とあざ笑うわけです。

このようなことは、ソウルの繁華街の急激な変化にもよく表れています。繁盛する地域は約二十、三十年周期で変わっています。たとえば、明洞《ミョンドン》といえばかつては最高級におしゃれな街だったのですが、十数年ぶりに訪ねると、とてもカジュアルで市場《いちば》のような街に変わっており、私はとても寂しい思いをしました。

知り合いの韓国人からは、「明洞はもう寂れていて、今の若者は行かなくなった」と聞きました。かつて若者でにぎわった他の繁華街も次々に移り変わってしまい、十年前に繁盛していた街は今や寂れているという感じです。

東京の場合は、渋谷、原宿、新宿・歌舞伎町、銀座など、ファッションの形態は変わっても、相変わらず独自のブランド力のある街であり続けていることに変わりはありません。

日本は長い伝統に価値を置く基盤をもっているため、一気に変わってしまうことはありありません。

現在、欧米人をはじめとする多くの観光客が日本を訪れる際、茶道の体験や和風旅館に泊まることが大変人気で、今や日本の伝統文化が主な観光商品となっています。

結局は、伝統にも価値を置く日本人の精神性から、他国にない優れた創作が生まれてくることを、本書で話をしてきました。

竹田さんは、難しいことを実に平易に語られます。深いところまで理解が届いているからこそできることに違いありませんが、聴く者に、和やかな打ち解けを求める心の働きが伝わってきます。

この対談では竹田さんと多くの理解を共有できたと感じていますが、私の理解が十分に至らないところでは、少なくない示唆をいただくことができました。この場をかりて竹田さんに感謝の意を表したく存じます。また本書は、十二年前に出版されたものを、今回新たに新書版に焼き直しして下さいました。ビジネス社編集部の中澤直樹様に感謝いたします。

令和五年五月二日

呉善花

［著者略歴］

## 竹田恒泰（たけだ・つねやす）

作家。昭和50年（1975）、旧皇族・竹田家に生まれる。明治天皇の玄孫に当たる。慶應義塾大学法学部法律学科卒業。専門は憲法学・史学。『語られなかった皇族たちの真実』（小学館）で第15回山本七平賞受賞。令和3年（2021）、第21回正論新風賞受賞。

主な著書に『天皇の国史』（PHP研究所）、『日本はなぜ世界でいちばん人気があるのか』『日本人はなぜ日本のことを知らないのか』『日本人はいつ日本が好きになったのか』『天皇は本当にただの象徴に堕ちたのか』（以上、PHP新書）、『現代語古事記』（学研プラス）、『決定版　日本書紀入門《久野潤氏との共著》』『なぜ女系天皇で日本が滅ぶのか《門田隆将氏との共著》』（以上、ビジネス社）など多数。

## 呉善花（お・そんふぁ）

韓国・済州島生まれ。1983年に来日、大東文化大学（英語学専攻）の留学生となる。その後、東京外国語大学大学院修士課程（北米地域研究）を修了。その後、拓殖大学教授を経て、現在、東京国際大学国際関係学部教授。評論家としても活躍中。1998年に日本国籍取得済み。

主な著書に、『攘夷の韓国・開国の日本』（文藝春秋、第5回山本七平賞受賞）、『スカートの風』（三交社・角川文庫）、『韓国を蝕む儒教の怨念』（小学館新書）、『韓国「反日民族主義」の奈落』（文春新書）、『日本にしかない「商いの心」の謎を解く』（PHP新書）、『反目する日本人と韓国人』『謙虚で美しい日本語のヒミツ』（以上、ビジネス社）など多数。

2021年から「呉善花チャンネル」を開設、「相反する日韓学」を配信中。


## 日本のどこが好きですか

2023年７月１日　第１刷発行

著　者　　竹田恒泰　呉善花
発行者　　唐津 隆
発行所　　株式会社ビジネス社
〒162-0805　東京都新宿区矢来町114番地 神楽坂高橋ビル5階
電話　03(5227)1602　FAX　03(5227)1603
https://www.business-sha.co.jp

〈装幀〉大谷昌稔
〈本文組版〉茂呂田剛（エムアンドケイ）
〈印刷・製本〉大日本印刷株式会社
〈営業担当〉山口健志
〈編集担当〉中澤直樹



ISBN978-4-8284-2533-7

ビジネス社の本

# なぜ女系天皇で日本が滅ぶのか

門田隆将／竹田恒泰……著

定価1650円(税込)
ISBN978-4-8284-2291-6

リベラル勢力の「悠仁親王廃嫡論」。その策略とは？ 皇位継承問題への疑問を、この1冊ですべて解消！ 〝旧皇族の憲法学者〟と〝反皇室勢力に詳しい論客〟が激論20時間！

**本書の内容**

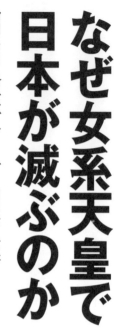

ビジネス社の本

# 反目する日本人と韓国人

## 両民族が共生できない深いワケ

定価１５４０円（税込）

ISBN978-4-8284-2346-3

呉　善花……著

友人との接し方、敬語の使い方、食事の作法、好みの服装・食器、結婚生活……。美意識も、価値観も正反対。隣国の謎を浮き彫りにする。

**本書の内容**

- 日本人は「あぐら」にびっくり。韓国人は「正座」にびっくり
- 腕組みをかわされると寂しくなる
- 「間」をとる日本と「間」をとらない韓国
- 日本人は「満開の花」は好まない
- 韓国人は20代が一番美しい。日本では中高年の方がきれい？
- 韓国のステンレス製のお茶碗は、日本人にとって「品がない」
- 今でも行われている未婚者の「死後の結婚」
- 「おかげさまで」の精神は、日韓で真逆
- 韓国人は、ユダヤ人の境遇に自分を投影する